KB120907

서울 촌뜨기, 일본에 가다

6개월간의 한국 공무원 일본 연수기

서울 촌뜨기, 일본에 가다

6개월간의 한국 공무원 일본 연수기

초　판 1쇄 발행일　2015년　2월　7일
개정판 1쇄 발행일　2018년　4월 12일

지은이 김영란
펴낸이 양옥매
교　정 허우주

펴낸곳 도서출판 책과나무
출판등록 제2012-000376
주소 서울특별시 마포구 월드컵북로 44길 37 천지빌딩 3층
대표전화 02.372.1537 **팩스** 02.372.1538
이메일 booknamu2007@naver.com
홈페이지 www.booknamu.com
ISBN 979-11-5776-548-5(03910)

이 도서의 국립중앙도서관 출판시도서목록(CIP)은 서지정보유통지원 시스템
홈페이지(http://seoji.nl.go.kr)와 국가자료공동목록시스템
(http://www.nl.go.kr/kolisnet)에서 이용하실 수 있습니다.
(CIP제어번호 : CIP2018010754)

6개월간의
한국 공무원 일본 연수기

| 개정판 |

서울
촌뜨기,

김영란 지음 일본에
가다

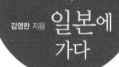

책나무
과무

깔끔한 사람이란 어떤 사람을 두고 말하는 것일까? 내가 생각하는 깔끔한 사람이란, 정리정돈을 잘하는 사람이다. 정리정돈을 잘한다는 것은 과감히 버릴 줄 아는 것이다. 그런 점에서 본다면 나는 참으로 깔끔하지 못한 사람이다. 내게는 정리정돈이 그렇게 어려울 수가 없다. 그래서 나더러 정리정돈을 하라고 하면, 일렬로 쭉 쌓아 놓는 정도이다 보니 심심치 않게 부부싸움의 원인이 되기도 한다.

그런 내가 6개월(2013년 5월 ~ 10월)간의 생활을 정리해서 책을 출판한다는 것은 참으로 힘겨운 일이었다. 원고를 쓰면서도 과감히 버리지를 못하여 모든 것을 담고 싶어 하다 보니 생각 외로 작업이 방대해지고 소요되는 시간 또한 만만치 않았다.

그럼에도 책을 내기로 마음먹게 된 이유는 나의 경험을 필요로 하는 분들과 나누고 싶었기 때문이다. 누구에게나 쉽게 주어지지 않는 6개월간의 해외파견근무. 서울시 동대문구와 일본 동경도 도시마구가 우호도시 협약을 체결한 지 10년이 되던 2012

년, 양 도시 간에 인적교류 협약이 체결되면서 파견 대상으로 선정되는 행운을 얻었다. 그동안 보고 듣고 느낀 것들을 나 혼자만 누린다면 큰 은혜를 저버리는 것 같아, 직원들은 물론 일본에 관심 있는 많은 이들과 함께 나눔으로써 조금이나마 도움이 되고 싶었다. 일상생활정보, 문화, 유명 관광지 혹은 내가 본 일본의 이모저모, 내가 느낀 점 등을 글로 남겨, 일본 여행을 앞둔 이들이 내가 겪었던 어려움을 겪지 않도록 하고 싶었고, 더불어 많은 사람들이 일본을 이해하는 계기가 되었으면 하는 마음에서다.

상대방을 이해하지 못하면, 대화와 소통이 어려워지고 서로 간의 관계가 악화되는 큰 원인이 되기도 한다. 그런데 우리는 가깝고도 먼 이웃나라 일본에 대해 과연 얼마나 알고 있을까. 평소 일본을 많이 알고 있다고 자부하던 나로서도 6개월간의 체류기간 동안 아주 사소한 부분에서까지 양국 간의 문화 차이를 경험한 일이 여러 차례 있었다. 그들과의 원활한 소통을 위해서는 그들에 대해 많이 알아 가는 것 외에는 왕도가 없다고 생각한다.

일본을 알아 가는 사람이 많아져 민간차원에서 조금씩 끈끈한 유대관계를 만들어 가다 보면 언젠가는 구멍 난 둑처럼 나라 간 불통의 벽도 허물어져, 지도상에서뿐 아니라 실제로도 가까운 나라가 되지 않을까 생각해 본다. 그런 점에서 이 책을 통해 단 한 사람이라도 일본에 대한 이해를 높여 갈 수 있다면 좋겠다는 작은 바람을 가져 본다.

추천사

 **유덕열** – 동대문구청장

　동대문구는 선진 국외도시와의 교류활성화를 위해 일본 동경도 도시마구와 자매결연을 맺어왔다. 결연을 맺은 지 11년째가 되는 2013년은 인적교류 원년으로서, 선진행정 시찰과 양 도시 간의 우의를 다지고자 저자를 6개월간 파견하여 연수받도록 하였다. 해외로 파견근무 나가는 사람은 많으나 이렇게 책으로 결과물을 내는 이는 그리 흔하지 않다. 생활 속에서 늘 최선을 다하고자 하는 저자의 성실함이 결실을 맺은 것이라 하겠다.

　바쁜 일정 중에도 연수며 여행 경험, 일상생활 속에서 느낀 소소한 이야기들을 글로 엮어 일본의 새로운 면을 소개할 뿐만 아니라, 솔직 담백하게 풀어낸 이야기는 공감을 불러일으키고 때로는 저 밑바닥의 감성을 자극하기도 한다. 자신의 경험을 함께 나누기 위해 이 책을 쓴 저자를 현지에 파견했던 구청장으로서 큰 보람을 느끼며, 부디 많은 이들에게 일본에 대한 다양한 정보와 함께 감동을 전해 줄 수 있기를 바란다.

 다카노 유키오 – 도시마구청장

　2012년 5월에 도시마구 대표단이 동대문구를 방문했을 때, 김 상은 정성을 다해 우리들을 안내해주었다. 그리고 꼭 1년 뒤에 도시마구에 연수생으로 오게 되어 다시 만날 수 있었다. 짧은 연수기간 중 빡빡한 일정에도 틈틈이 도시마구 직원을 위해 한국어 교실을 개최하는 등 언제나 웃는 얼굴로 맡은 일에 최선을 다하는 김 상의 자세는 직원들의 모범이 되었다.

　현재 도시마구는 도쿄올림픽과 패럴림픽대회를 앞두고 전 세계에 도시마구만의 매력을 풍기는 국제예술문화도시를 만들기 위해 노력하고 있다. 더불어 동대문구를 비롯한 해외도시와의 국제교류는 도시마구의 중요한 시책사업으로 자리매김하고 있다. 도시마구에서 6개월간의 경험을 소개한 이 책은 향후 동대문구와 도시마구의 발전과 상호이해를 위한 가교가 되리라 믿는다.

1. 동대문구와 도시마구 비교

○ 지리적 위치

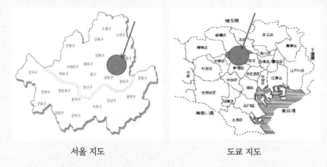

서울 지도   도쿄 지도

○ 일반현황(2017년)

구분	동대문구	도시마구

지역특성	− 서울시 동부 중앙에 위치
	− 25개구 중 23번째 크기
	− 청량리지역, 경동시장, 청과
	  시장을 중심으로 부도심 근린
	  생활기능을 수행하는 동부 서
	  울의 중심지
		− 도쿄 23개구의 서북부에 위치
		− 23개구 중 18번째 크기
		− 이케부쿠로를 중심으로 한 상업
		  지역

인구 (1.1)	355,069명	284,307명
면적	14.2㎢	13.01㎢
행정조직	5국 1단 1소 3담당관 35과 14동 196팀	19부 99과 325팀
예산	4,571억 3,366만 원	1,815억 855만 엔
의원현황	의석수 18석, 임기 4년	의석수 36석, 임기 4년
구의 꽃	목련	진달래
구의 나무	느티나무	왕벚나무

2. 도쿄 1일 티켓(2017년)

■ 도쿄메트로와 도에이지하철 공동 1일 이용권
○ 도쿄메트로와 도에이지하철 전 노선을 유효기간 중 1일에 한해 자유롭게 이용할 수 있는 공통승차권
○ 이용료 : 성인 900엔 / 어린이 450엔

■ 도쿄 프리티켓
○ 도에이 지하철, 도에이 버스[타마(多摩)지역 포함], 도덴 아라카와선, 닛포리(日暮里)·도네리(舎人)라이너, 도쿄메트로, 도쿄도 구내 JR선을 구입한 날로부터 한 달 이내의 1일에 한해 자유롭게 승차할 수 있다. 심야버스 이용 시에는 차액을 지불하면 된다.
○ 이용료 : 어른 1,590엔 / 어린이 800엔

■ JR동일본 도쿄도 구내패스
○ JR동일본의 도쿄도 구간에서 하루 간 자유롭게 이용할 수 있는 티켓
○ 이용료 : 어른 750엔 / 어린이 370엔

■ 도쿄메트로 1일 승차권
○ 도쿄메트로 각 노선 내 구간을 하루 간 자유롭게 이용할 수 있는 티켓
○ 이용료 : 어른 600엔 / 어린이 300엔

■ 관광노선버스[도쿄 시타마치(下町) 버스]
○ 도내 관광명소를 연결하는 노선버스로 3개의 루트가 있다. 예약 없이 이용할 수 있고, 도쿄를 처음 방문하는 사람이라도 가벼운 마음으로 쉽게 이용할 수 있다.
○ 구간 : 도쿄역 마루노우치 북쪽 출구 ~ 니혼바시 미츠코시 ~ 칸다역 ~ 스다 쵸 ~ 우에노 마츠자카야 앞 ~ 우에노공원 야마시타 ~ 기쿠야바시 (갓파바시도구거리 입구) ~ 아사쿠사 잇쵸메 ~ 아사쿠사 가미나리몬 ~ 리버피아 아즈마바시 앞 ~ 도쿄 스카이트리역 입구 ~ 오시아게 ~ 긴시쵸역 앞 (평일은 우에노 마츠자카야 앞 ~ 긴시쵸역 루트만 운행)
○ 이용료 : 어른 200엔 / 어린이 100엔

contents

chapter 1
좌충우돌 일본에서의 시작 · 15

chapter 2
일본의 정책을 배우다 · 71

chapter 3

일본의 복지와 문화를 체험하다 · 101

chapter 4

좀 더 건강한 일본을 위해 내딛는 한걸음 · 121

chapter 5

혼자라도 괜찮다! 일본 여행 제대로 즐기기 · 155

chapter 6

6개월의 마침표 · 207

chapter 1

좌충우돌
일본에서의 시작

우여곡절 하룻밤 ✈

4월 30일 화요일

🌸 비행기에 몸을 싣고 2시간여를 날아 도착한 하네다 공항. 6개월간 지내게 될 일본과 첫 대면을 하는 순간이다. 서울시 동대문구와 동경도 도시마구*가 우호도시 협약을 체결한 지 10년이 되던 2012년, 두 도시 간에 인적교류 프로그램이 성사되어 파견되는 행운을 얻은 것이다. 게이트를 빠져나오니 문화관광과 직원 셋이 구면인 듯 반갑게 맞아주었다. 그 중에서 6개월간 나를 담당하게 되었다는 하야카와 상이 만남의 선물이라며 작은 상자 하나를 건넨다. 일본의 찹쌀떡이다. 사소한 것도 중히 여기는 이들의 국민성을 첫 대면하는 순간이다.

한 시간 남짓 차를 달려 니시스가모(西菓鴨) 숙소에 도착하니 일본인들의 정갈함이 느껴지는 아담한 아파트다. 주인 할머니께 인사를 드린 후 주변 지리도 익힐 겸 시바 과장님, 사이토 과장님과 함께 스가모 지조도오리*에 있는 맛집에 갔다. 당일 어시장에서 산 생선을 바로 조리하기 때문에 인기가 좋다고 하는데 추천메뉴는 호르몬야끼*와 곤약이다.

식사를 끝내고 집으로 돌아오자, 일본에서 온전히 나 혼자만의 하루가 시작되는 순간이다. 한국에 있는 가족들에게 무사 도착을 알리고자 인터넷 전화를 연결하려 하나, 어찌된 노릇인지 도통 연결되지 않는다. 먼 이국땅에서 도와줄 이도 없이 두 시간이 넘도록 헤매고 있으니 그 답답함을 어디에 비할 것인가! 머리가 지끈지끈, 울고 싶은 심정이다.

잠시 정신을 가다듬고 한국 상담직원에게 전화를 걸어 울먹이며 사정 이야기를 하니, 일본 회사에서 인터넷을 사용할 수 있는 아이디랑 비밀번호를 받아야 된단다. 아뿔싸! 가뜩이나 기계치인데… 결국 아무것도 해결 못한 채 일본에서의 하룻밤을 맞이하게 된 것이다. 잠이나 청하려고 샤워를 하고 보니, 이게 또 웬일인가! 수건이 준비되어 있지 않다. 하는 수 없이 하야카와 상에게 SOS를 청해보지만 도통 전화를 받지 않는다. '혹시 앞으로 겪게 될 좌충우돌의 전조는 아닐까' 불안한 마음을 끌어안은 채 잠자리에 드니 일본에서의 첫 날 밤이 그렇게 저물어 가고 있었다.

✈ 🎋 🏠 🕐 🚴 💡

* 도시마구 : 동경 23개 구의 하나로 서북부에 있으며 이케부쿠로 지역을 중심으로 부도심을 형성.
* 지조도오리(地蔵通り) : 고간지(高岩寺)를 중심으로 스가모역에서 노면전차 아라카와선 고신즈카(庚申塚) 정류장까지의 도로.
* 호르몬야끼 : 돼지창자볶음 요리로, '호르몬'은 돼지창자의 별명이다.

도시마구에서의 첫 번째 관문 ✈

🐼 드디어 도시마구에서의 공식적인 일정이 시작되는 날인데 집을 떠나왔다고 기본적인 생리 현상마저 원활하지가 않다.

초 간단 아침식사를 하고 마중 온 하야카와 상과 함께 이곳에서 베이스캠프로 삼게 될 문화관광과에 갔다. 직원들과 인사를 나누고, 구장(한국의 구청장에 해당)님을 예방하러 갔다. 구장님과의 인사, 사진 촬영 등 간단한 공식 일정에 이어 의장실을 방문하고 나오니 이번에는 교육장을 소개해 주겠다고 한다.

'웬 교육장' 하며 의아해하는 나에게 하야카와 상이 도시마구 조직에 대해 간략히 설명을 해준다. 여기 도시마구에서는 부구장 아래에 ○○부가 있고 ○○부 아래에 일반 행정을 담당하는 ○○과가 있으며 교육정책의 기획조정, 교직원 인사, 개축 등 한국의 교육청에 해당하는 업무는 교육장 아래에 있는 교육총무부가 한다는 것이다. 즉 교육총무부의 최고 책임자가 교육장이며 경우에 따라서는 교육장이 없는 곳도 있다고 한다. 한국의 교육청은 별도 기관인데 여기는 구청 하부 조직으로 있는 것이

사뭇 우리와는 다른 부분이다.

교육장실로 들어서니, 전직 교장 출신이라서인지, 도시마구의 상징인 '소메이요시노 벚꽃'에 대해서뿐 아니라 차(茶)에 대해서도 해박함을 자랑하며, 여기에 있는 동안 다도에 대한 경험도 가져 보라고 권한다. 이어 구민과에 가서 외국인등록증을 받아드니, 도시마구에서의 첫 번째 관문을 통과한 것이다. 12시가 되니 점심식사를 알리는 종이 울린다. 그제야 자리에서 일어나는 직원들! 함께 사무실 근처에 있는 샐러드 바로 갔다. 돈가스를 주문하니 영양밥이 따라나오는데, 보기엔 그냥 흰 쌀밥이다. 뭐가 영양밥이라는 건지 의아하여 물었더니, 비타민이 들어 있다고 한다. 잘게 다져진 야채 몇 점이 비타민? 참 포장을 잘하는구나 싶다.

식사를 마치고 사무실에 돌아오니 마츠다 상이 점심값을 받으러 왔다. 1,000엔이라고 한다. 일정표에 적혀 있던 직원들과의 첫 런치가 더치페이라니! 여기 와서 처음 경험하는 문화 충격이다.

오후에는 국민 건강보험을 신청하고 인사과에서 생활 안내를 받는데 어찌나 세심한 부분까지 체크를 하는지 그 꼼꼼함에 감탄이 절로 나온다. 이때다 싶어 인터넷 때문에 벌어졌던 난감한 어제 상황을 이야기하니 이곳에서는 인터넷을 설치하는 데 2주가 걸린다고 한다. 골든위크*가 끼어 있기 때문이라고는 하나, 이사 다음 날이면 득달같이 달려와 인터넷 설치를 받던 '빨리빨리 문화'에 익숙한 나로서는 의외의 상황에 참으로 난감했다.

이어 계좌 개설을 하려고 우체국에 갔더니, 이 또한 순탄하지가 않다. 최근에 시스템이 변경되어 최초 개설만큼은 본인 거주지 인근 우체국에 가야 된다고 한다. 하는 수 없이 계좌 개설은 내일로 미루고, 프리페이드 카드 휴대전화*를 신청하러 야마다전기*의 LABI로 이동했다. 야마다전기상은 비크 카메라(BIC CAMERA)*와 함께 가장 큰 가전판매 체인이라 한다.

당초 인터넷 전화를 주로 사용할 요량이었으나 여기 직원들이 나와 연락하기가 불편하다 하니 프리페이드 카드 전화를 사용하지 않을 수가 없는데 요즘은 이 카드 구매가 몹시 엄격하게 되었다고 한다. 이유인즉 '오레오레 사기'*라고 해서 한국의 보이스피싱과 유사한 사례에 악용되는 경우가 많아, 이를 미연에 방지하기 위해서라고 하는데 40여 분에 걸친 철저한 신분 확인 끝에야 손에 쥘 수 있었다.

마침내 대략적인 일정을 마치고 사이토 과장님과 함께 환영회장으로 이동하니 장소는 도시마구에서 가장 높은 빌딩인 '선샤인 60'*의 58층 레스토랑이다.

01 도시마구 대표단 방문시의 동영상

많은 분들의 따뜻한 환영이 참으로 감사한데 그보다 인상적인 것은 지난번에 도시마구 대표단이 동대문구를 방문했을 때 찍었던 동영상을 돌리고 있는 것이었

다. 그것도 환영대상자인 내가 들어
간 사진들을 위주로 말이다. 사소한
것에서도 그들의 배려, 꼼꼼함을 엿
볼 수 있는 순간이었다.

행사가 끝날 즈음에는 모두들 이구
동성으로 6개월! 눈 깜짝할 사이에 지
나갈 것이니 있는 동안 마음껏 즐기
라.”며 격려해 준다.

이로써 도시마구에서의 첫 공식 일
정을 마무리한 후 도덴 아라카와 선*

02 낭만이 있는 노면전차

으로 집에 돌아오니, 처음 타보는 노면전차가 낭만적이면서도 아
날로그적인 감성이 묻어나는 것 같아 마음이 따뜻해진다.

✈ 🚄 🏠 🕐 🚲 💡

* 골든위크 : 매년 4월 말에서 5월 초에 걸쳐 휴일이 많은 기간으로 일반적
으로는 쇼와 천황의 탄생일인 4월 29일부터 5월 5일까지를 말함.
* 프리페이드 카드 휴대전화 : 휴대폰 단말기에 프리페이드 카드를 선결제
구입해서 기재된 고유번호를 등록하고 사용하는 핸드폰. 기본 사용료는 없
고, 국제전화 가능. 핸드폰 첫 구매 시에는 외국인등록증명서나 재류카드
가 필요하다. 프리페이드 번호 유효기간인 2개월이 지나면 잔액이 있어도
발신 불가하므로 유효기간 만료 전에 다시 등록해야 한다 번호 등록은 본인
의 휴대폰에서 프리페이드 번호 통지표에 안내되어 있는 순서대로 하면 된

다. 전화번호 유효 기간은 등록 후 1년. 문자 이용은 본인의 휴대폰에서 신청해야 이용 가능하다.

* 야마다전기 : 1973년에 야마다 노보루(山田昇)가 8평의 가게 '야마다전기센터'로 창업해서 1983년에 주식회사 야마다전기를 설립 LABI 등의 점포를 운영, 지금은 가전제품 외에 오디오기기, 건강기구, OA기기의 판매 및 수리, 비디오 소프트웨어 대여, 도서 등까지 판매하고 있다.

* 비크 카메라(BIC CAMARA) : 1968년 군마현(群馬県) 다카사키시(高崎市)에서 창업, 1978년에 도쿄지점을 개점, 이케부쿠로에 진출. 처음에는 카메라 전문 할인점이었으나 2000년대 이후에는 주류, 골프클럽, 침구, 명품, 자전거, 완구 등 다양한 품목을 취급하고 있다.

* 오레오레 사기 : 전화 등으로 상대를 속여 금전 송금을 요구하는 범죄 행위를 일컫는 명칭. 2004년 11월까지 사용하던 명칭이나 2004년 12월부터는 경찰청이 '후리코메 사기'라고 명명하였고 2013년 5월부터는 다시 상황에 맞추어 '오카상 다스케테 사기'로 명명, 3개의 명칭이 병용되고 있다.

* 선샤인 60 : 1978년에 완성된 선샤인시티의 중심을 담당하는 60층짜리 복합상업시설. 높이 239.7m로 한국의 63빌딩이 1985년에 준공될 때까지는 동양 제일의 높이를 자랑했다.

* 도덴 아라카와선(荒川線) : 도쿄도 교통국이 운영하는 노면전차로 도쿄도에 남은 유일한 전차.

여덟시 반이 되자 업무 시작을 알리는 차임벨이 울린다. 학생이 된 기분이다.

하루 업무가 시작되나 싶은데, 곧바로 조례부터 한다. 매주 목요일 아침이면 조례를 한다는 것이다. 사이토 과장님이 구장님 말씀과 함께 당부사항을 전달한 후 곧장 합동 방재훈련 설명회로 이동한다. 도시마구는 재해 발생 시 12개 구립학교를 지역본부로 해서 유사시 지역의 정보수집, 구원센터*의 개설 및 구원센터에의 직원파견 등의 업무를 한다고 하는데 이런 지속적인 훈련이 재난 상황에서도 일본인들이 그토록 침착하고도 질서정연한 대처를 할 수 있도록 하는 원동력이지 싶어 감탄이 절로 나온다.

사무실에 돌아오니 점심시간인데 어느 누구도 움직일 생각을 않는다. 혹시라도 누가 같이 나가자고 할까 싶어 잠자코 있는데 하야카와 상이 다가와 김 상은 점심 어찌할 거냐고 묻는다. 당연하게 나갈 거라고 했더니 함께 가자고 한다. 인근 식당에서 주문한 메뉴가 나올 동안 우리네 점심문화를 알려 주었다. 보통 팀 단위로 움직여서 혼자 먹는 것은 익숙하지 않다고 했더니 이곳에서는 식대가 비싸 대부분 도시락을 싸 와서 먹는다고 한다. 점심을 같이 먹는 것조차도 왠지 민폐인 듯싶다.

오후에는 우체국 계좌도 만들고 하야카와 상의 안내를 받아 필요한 생활용품을 사기로 했다. 계좌를 처음 만들 때는 집 주소지 우체국에 가야 된다고 하여 근처 우체국을 방문하니 통장을 만드는 데는 재류카드, 인감도장이 필요하다고 한다.

01 PASMO 카드

캐시 카드 발급 또한 계좌 신규개설과 똑같은 절차가 필요하다 하여 우체국에 간 김에 함께 신청한 후 오오츠루 상과 함께 생활용품을 구입하러 갔다. 대학시절에 미국에서 1년간 유학한 경험이 있는 오오츠루 상은 나의 고충을 잘 안다며 PASMO 카드* 사용법이며, 버스 이용 방법 등을 자세히 알려주었다.

이어 들른 생활용품 판매점 SEIYU*. 식품, 잡화, 의류 등 거의 모든 품목이 갖추어져 있어 우리나라의 이마트나 홈플러스를 연상케 하는 곳이었다.

매장을 한바퀴 둘러본 후 도넛이며 먹거리들을 사서 계산대로 가니, 옆에 있던 오오츠루 상이 카드 하나를 장바구니에 넣는

다. 무엇인가 의아하여 물으니 시장바구니를 갖고 왔다는 표시
라 하는데 손으로 가리키는 곳을 보자 "비닐봉투는 2엔"이라고
표시되어 있다.

밖으로 나오자 근처에 있는 100엔 숍으로 데려가는데 오오츠
루 상 왈, 다이소가 생기자 그것을 흉내 낸 가게들이 우후죽순
처럼 생겨나 붙여진 이름이 '100엔 숍'이라 한다.

집에 돌아오자마자 위장 속 단맛주머니가 펑크라도 난 듯 도
넛을 게 눈 감추듯 흡입하니 이번에는 입안에서 매콤한 맛을 갈
구한다. 급히 서울에서 챙겨 온 라면 한 개를 집어 든다. 계란
한 알을 풀고 끓여 내는데 콧속을 헤집고 들어오는 라면 냄새가
황홀할 지경이다. 냄비 채 식탁으로 들고 와서는 혹여 국물 한
방울이라도 튀어나갈까 신주단지 모시듯 하면서 라면 한 올 한

올의 맛을 음미하였다. 이 세상 어디에도 없을 것 같은 기가 막힌 라면 맛이다. 배도 부르고 피곤도 몰려오니 9시도 되지 않았건만, 보이지 않는 손에 잡아 이끌리기라도 하듯 침대 안으로 들어갔다.

✈ 🌲 🏠 🕐 🚲 💡

* 구원센터 : 지진 재해 시 재해를 입은 주민의 구원, 구호실시가 필요한 때에 그 거점으로 개설하는 것. 기준은 원칙적으로 쵸카이(町会)를 단위로 하며 내진, 내화구조를 갖춘 학교 등 공공건물을 이용한다. 각 구원센터의 수용인원을 산출하는 기준은 1인당 1.5다다미(1다다미:910mm×1820mm)로 하며, 재난 발생시 예측되지 않은 사태에 대비, 동경도 피해 가상치보다 피난공간을 1할 정도 더 확보한다. 구원센터로 지정된 건물에 대해서는 조기에 내진진단 등을 실시해서 안전성을 확인함과 동시에 피해자의 성별에 입각하여 개인정보의 확보와 좋은 생활 환경 확보를 위해 노력한다. 구립 초·중학교의 구원센터에 대해서는 학생 및 교직원용도 포함하고 식재료를 비축, 필요한 기자재, 대장 등을 정비하는 등 피난소 기능의 강화를 도모한다.
* PASMO 카드 : 수도권을 중심으로 전국의 철도, 버스에서 이용할 수 있는 편리한 IC카드
* SEIYU : 홋카이도에서 큐슈까지 폭넓은 지역을 커버하는 점포망을 가지고 식료품·의류·주거용품 등 다양한 제품을 갖춘 매장으로 모회사는 월마트이다.

골든위크, 한국인거리와 도쿄 한 바퀴 ✈

5월 4일 토요일

🌸 4월 29일이 쇼와천황(昭和天皇, 1901.4.29~1989.1.7) 탄생일인 덕분에 시작되는 일본의 황금연휴가 3일이나 남아 있다. 도착한 지 며칠 되지 않아 지리도 낯설고, 3일을 어찌 보내나 싶어 늦게 일어나려고 미적거렸지만 9시를 넘기진 못했다. 천천히 쌀을 씻어 밥을 안치니 근 일주일 만에 짓는 밥인가 보다. 밥이 다 되기를 기다렸다가 라면 국물에 밥을 말아먹는데, 그 맛이 임금의 수라상인들 이리 맛있을까 싶다. 아직 라면을 사지 못한 탓에 국민 음식 라면이 그리울까봐 국물조차 아까워 냉장고에 넣어두었던 것이다.

주방을 정리한 후 쓰레기 분리수거를 하려는 찰나 전화벨이 울린다. 사이토 과장님이다. 안 그래도 혼잣말로 '온 지 며칠 되지도 않아 내리 휴일인데 어떻게 아무도 전화 한 번 않지' 하며 서운해 하던 참이었는데, 비 온 뒤의 햇살처럼 반갑기 그지없다.

부랴부랴 채비를 하고 사이토 과장님을 따라 나섰다. 스가모 역으로 가더니 신오오쿠보(新大久保)* 한국인거리로 가는 노선

01 지조도오리 엔리치 페스티벌에 온 사람들　　02 고간지에서 아라이관음을 하려고 줄 선 사람들

을 알려주고는 스가모역에서 가까운 지조도오리로 나를 이끈다.

니시스가모에서 가까운 거리인데 어르신들이 유독 많이 눈에 띄는 것이 어르신들 천국인 양 보인다.

거리구경을 한 후 식당으로 이동하니 사이토 과장님이 배가 몹시 고프다고 한다. '시장이 반찬'이라는 우리네 속담을 알려 주면서 배가 고픈 만큼 밥맛이 아주 좋을 거라 말해 주었더니, 그 표현이 몹시 마음에 드는 듯 수첩에다 적고는 읽기를 반복한다.

그 사이에 자리를 잡고 장어 정식과 덴뿌라 정식을 주문하여 같이 나눠 먹으니 여자 친구 둘이 함께 식사하는 느낌이다. 오랜만에 푸짐한 식사를 하고 배부르다고 했더니, 이번에도 한국어 표현을 물어보고는 수첩에다 적어 둔다.

식사를 마치고 지조도오리의 엔리치 페스티벌을 보러 갔다. 4자가 붙는 날에만 열리는 행사라 하는데 우리네 5일장, 10일장 같아 보인다. 판매되는 제품들이 주로 어르신들 용품인 것으로

03 아픈 데다 연기를 갖다대면 좋아진다고 한다   04 행운을 부른다는 빨간 속옷 전문점

미루어 보아, 어르신들이 주 고객인 듯한데, 특히 인상적인 것은
유독 빨간 팬티 가게들이 눈에 띄는 것이다. 의아해하는 나에게
과장님 왈, 빨간 팬티는 행운을 부른다고 여겨 꽤 인기가 있다고
한다. 우리나라에서도 행운을 가져온다 하여 예전에 첫 봉급을
타면 부모님께 빨간 내복을 선물하는 관습이 있었다고 말해 주
었더니, 과장님이 놀란 토끼눈을 해 보인다.

한참을 걸어 오다 고간지(高岩寺)*라는 절에 사람들이 죽 늘
어서 있는 것이 보여 의아해 하였더니 이곳에 얽힌 이야기를 들
려준다. 고간지의 본존은 지장보살로, 예전에 한 여인이 실수로
바늘을 삼켰는데 이곳 불상 앞에서 물을 마신 후 바늘을 토해 냈
다 하여 가시를 뽑아 준다는 뜻의 '도게누키 지조'라는 별명이 붙
었으며, 그 때문에 이곳의 지장보살을 물로 씻으면 병이 없어진
다고 하여 저렇게 줄 서서 기다리는 것이라 한다.

한편 입구에는 불을 지펴 연기를 내뿜는 큰 향로가 있었는데,

거기서 나오는 연기를 아픈 데다 갖다대면 낫는다고 한다. 사이토 과장님도 기회를 놓칠세라 대머리를 치료할 거라며 연기를 한아름 가져오는 시늉을 하더니 머리에다 대고 문질렀다.

지조도오리를 지나 버스정류장으로 가는 길에 어제 첫 외출시 버스번호 때문에 헷갈렸던 사실을 이야기하자, 옆에 적힌 번호는 버스회사 차량번호이니 차를 탈 때에는 옆면을 보지 말고 정면 위에 적힌 번호를 보고 타라고 한다.

사이토 과장님 덕분에 도시마구 맛보기 탐방을 끝내고 돌아오니 앎에서 오는 가뿐함일까, 한결 발걸음이 가벼워짐을 느낀다.

✈ 🌲 🏠 🕐 🚲 💡

05 속칭 세척 관음이라 불리는 아라이 관음

* 신오오쿠보(新大久保) : 동경 신주쿠구에 있는 코리아타운으로 야마노테선 전차만 정차한다.
* 고간지(高岩寺) : 동경도 도시마구 스가모에 있는 조동종 사원. 본존은 지장보살(地蔵菩薩). 일반적으로는 도게누키 지장이라고 알려져 있다. 경내에 있는 아라이관음(洗い観音)은 속칭 '세척관음'이라고 하여 자신의 치유하고 싶은 부분에 해당하는 관음상의 부분을 씻거나 젖은 수건으로 닦으면 좋다고 한다.

따뜻한 온돌방 생활에 익숙한 탓일까, 숙면이 취해지지 않으니 자고 일어나도 몸이 영 찌뿌둥하다.

오늘도 혹시 사이토 과장님이 와 주시려나 하는 막연한 기대감에 아침밥을 챙겨먹은 후 믹스커피 한 잔으로 이국생활을 달래고 있는데 문자 알림 소리가 난다. 큰 아이가 갈매기살을 구워먹는 중이라며 자랑이다. 마음 한 편으로는 엄마가 없어도 아빠랑 잘 지내고 있구나 싶어 안심이 되면서도, 엄마 안부부터 묻지 않는 아이에게 괜히 서운한 마음이 들어 "흑흑, 엄마는 라면 국물에 밥 말아 먹고 사는데." 했더니 큰 아이가 "난 우리가 더 고생할 줄 알았더니, 엄마가 훨씬 더 고생이네ㅜㅜ" 한다. 그 한마디에 서운한 마음이 눈 녹듯 사라지고 흐뭇하기까지 하다.

혼자 있으니 어찌 이리도 시간이 안 가는지, 어제 사이토 과장님이 알려 준대로 스가모역에서 야마노테선을 타고 신오오쿠보로 향하니 떡볶이, 김밥, 호떡, 한국음식 식당이며 화장품 가게 등, 넘쳐나는 한글 간판이 이곳이 영락없는 한국거리임을 말해준다.

한참을 가다가 한국 상품을 취급하는 슈퍼로 들어가니 입구에서
부터 홍초며, 라면이며 한국 상품들이 즐비하다. 자석에 이끌리
듯 안으로 들어가니 사람들로 발 디딜 틈이 없는데 가격이 조금 비
쌀 뿐 없는 게 없다. 김치와 고추장을 집어 들고 "오이꾸라(얼마예
요)?" 묻자 "그냥 한국말로 하세요." 한다. 아, 외국에서 한국 사람
을 만난다는 것이 이런 기분이구나! 가게 이름도 '서울시장'이다.

　슈퍼 바로 옆 호떡 가게에는 열 명도 넘는 사람들이 줄을 서서
기다리고 있는 것이 '호떡집에 불난다'는 표현이 딱 제격이다. 야
마노테선을 내려 집으로 돌아오는데 바닥 곳곳에 붙어 있는 스티
커가 눈에 띈다. 무엇인가 궁금하여 내려다보니, '노상 흡연금지'
라는 문구가 적혀 있다. 한국어로도 적혀 있으니, 우리나라 사람
들이 일본에 많이 오긴 오나 싶다.

　집에 돌아와 호떡을 집어 먹으니 그야말로 꿀맛이다. 보잘것없는
음식도 때에 따라서는 임금님의 수라상에 버금가기도 하는 법이다.

01 길바닥에 붙어 있는 노상 흡연 금지 스티커

🌸 골든위크의 마지막 날! 오늘이 지나면 그간의 연휴가 못내 그리워질 수도 있겠지 하는 생각에 어떻게 하루를 알차게 보낼까 궁리하고 있는데, 때마침 사이토 과장님이 전화를 하셔서 국내외의 고급점포들이 밀집해 있는 동경 긴자거리에 가기로 했다.

스가모역으로 가는 중에 큰 절 앞에 빨간 앞치마를 두르고 있는 지장보살이 보였다. 절 이름은 '신쇼지(真性寺)'*로, 에도6지장(六地藏)* 중의 하나가 안치되어

01 에도 6지장 중 하나가 있는 신쇼지

있으며 에도막부 8대장군인 토쿠가와 요시무네가 가끔 들렀다고 한다.

야마노테선을 타고 유라쿠쵸역(有樂町駅)에 내려 조금 걸어가니 루이비똥, 까르띠에, 불가리 등 즐비한 명품 매장이 이곳이 어디인지 말해준다. 긴자거리다. 한참을 걸어가다 만난 야마노

악기(山野樂器) 본점 빌딩. 일본에서 공시지가가 가장 비싼 곳이라고(일본 국토교통부에 따르면 2017년 1월 기준 ㎡당 가격이 전년 대비 25.9% 상승한 5,050만 엔이라고 한다) 한다. 시간대도 마침 '차 없는 거리' 타임이어서 널찍한 도로가 사람들로 가득하다.

점심시간이 되어 인근에 있는 한국 음식점으로 들어가 돌솥비빔밥과 순두부찌개를 주문하니 반찬이라고는 달랑 배추김치와 상추무침이 나오는데 푸짐한 밥상에 익숙한 나로서는 참으로 감질나는 양이었다.

주문한 음식이 나와 과장님에게 순두부찌개 먹는 법을 알려드리고, 비빔밥을 삭삭 비벼 호기롭게 한 숟갈 입에 넣었으나 들쩍지근한 것이 일본인 입맛에 맞춰진 것이다. 그래도 간만에 보는 돌솥비빔밥이 어디냐! 반가운 마음에 열심히 숟가락질을 하면서 메뉴판을 보니, '생막걸리가 인기 1위'라고 적혀 있다. 막걸리를 좋아한다고 했던 사이토 과장님의 말이 생각나 한 잔을 주문해 드렸더니 한 모금씩 홀짝 홀짝 맛나게 들이킨다.

식후 여유로운 산책이 기분 좋은데 사이토 과장님이 인근에 4월에 막 개관한 가부키 공연장 '가부키자(歌舞伎座)'를 안내하겠다고 한다. 마침 도시마구청을 설계한 구마 켄고(隈硏吾)*가 설계한 것이라면서. 많은 사람들 사이를 비집고 옥상 정원에 있는 '가부키 갤러리' 안으로 들어가니 공연 때 입는 복식이며 부채 등이 전시되어 있는데 전체 복식을 다 갖추면 그 무게가 25kg은 족히 나간다고 한다. 그 이야기를 듣고 한국 사극에 왕비로 출연했던 어느 여자 탤런트가 가체를 쓰면 머리가 너무 무거워서 고생스럽다고 했던 말이 생각나 "여자들이 가부키 배우를 했으면 넘어져서 못 일어났을 거예요. 남자들이 하는 게 정말 다행이네요. 그런데 배우들 목 디스크 걸리는 건 아닌지 모르겠네요."라고 하니, 사이토 과장님이 껄껄 웃음을 참지 못한다.

다시 걸음을 옮겨 국립중앙우체국 6층에서 도쿄역 주변을 바라보니 온통 빌딩 천지다. 지진이 걱정되어 물으니, 지진은 있지만 그때를 대비해 건물이 다소 흔들리도록 지었다고 한다. 아래를 내려다보니, 신칸센이며 야마노테선이며 동경역사도 보이는데 동경역사는 역사의 역할도 하지만, 호텔 같은 것도 들어가 있다고 한다.

1914년 준공임에도 불구하고 그 크기가 우리나라 옛 서울역사의 서너 배는 족히 되어 보이는데, 건물 양식은 서울역사와 아주 유사해 보였다. 동경역 앞쪽으로는 녹색 가로수 길이 쭉 펼쳐져 있는데 그 쪽이 바로 천황이 거처하는 곳이라고 한다.

시간을 보니 세 시가 훌쩍 넘어 있다. 서너 시간을 걸어 다녔더니 다리가 우거지상을 하고 있다. 이심전심 오늘은 여기서 마무리하기로 하고 이케부쿠로행 기차에 몸을 실었다. 집에 오자마자 욕조에 뜨거운 물을 받아 몸을 담그니, 온몸의 세포들이 하나하나 살아 움직이는 듯 날아갈 것처럼 가벼워 왕비마마도 부럽지 않다.

✈ 🌲 🏠 🕐 🚲 💡

* 신쇼지(眞性寺) : 도시마구 스가모에 있는 사원. 본존은 약사여래. 에도 6지장 중 네 번째이다.

* 에도6지장(江戸六地蔵) : 호에이(宝永, 1704~1710)부터 교호(享保, 1716~1735) 연간에 걸쳐 기부자를 구해 에도 시내 6개소에 조립된 동으로 만든 지장보살 좌상. 질병 완쾌를 지장보살에게 기원하였더니 무사히 치유가 됨에 따라 교토6지장(京都の六地蔵)을 모방하여 만든 것이다. 첫 번째에서 다섯 번째까지는 현존하여 모두 도쿄도 지정 유형문화재로 되어 있으나 여섯 번째는 현존하지 않는다.

*구마켄고(隈 研吾, 1954.8.8~) : 일본의 건축가, 1급 건축사. 1964년 도쿄올림픽 건축을 보고 건축에 뜻을 두다. 아시하라 요시노부(芦原義信), 마키후미히코(槇 文彦), 하라히로시(原 広司) 등에게 사사.

첫 번째 연수
- 개호보험 사업자 연락회 ✈

5월 9일 목요일

🌸 오늘은 하루 종일 개호보험과에서 지내야 하는데 온종일의 연수가 그리 만만치가 않다. 생각해 보라, 수학 기초라곤 없는 고3 수험생에게 미분이 어떻고 적분이 어떻고 하며 3시간 내리 수업만 한다면 어떠하겠는가.

그래도 성실한 아지토미 상 덕분에 3시간 연수 후에 대략적인 개요는 머리에 담을 수 있었으니 사회보험제도인 '개호보험제도'는 개호가 필요한 경우에조차도 인간의 존엄을 유지하고 자립 가능한 일상 생활을 유지할 수 있도록 이용자의 선택에 따라 필요한 서비스를 종합적이고 일체적으로 제공하는 구조라고 한다.

12시가 되니, 어김없이 종소리가 울린다. 즐거운 식사시간이자 휴식시간 후 이어지는 오후 연수는 개호보험 사업자 연락회 참석이다.

회의가 시작되자 방재대책 기본조례며, 재해 시 개호자에 대한 조치 등 재해와 관련된 내용을 우선적으로 전달하고 나서 그제사 개호보험 사업 관련사항들을 전달한다. 주객이 전도된 듯한 일정 진행에 의문을 표했더니, 아지토미 상이 설명을 덧붙인다. 지진 등 재해가 수시로 일어나는 일본에서는 사람들이 재해 대비책에 대해 일상화가 되어 있지 않으면 쉽게 잊어버리므로 연락회에서 다시 안내를 한다는 것이다. 있을 법한 일이다. 사람이란 것이 워낙 쉬이 잊어버리는 동물이라 가뭄에 콩 나듯 들어봐야 언제 그랬냐는 듯 할 터이니 뼛속까지 스며들어 저절로 튀어나오게 하는 것이 가장 중요할 것이다.

오늘도 어김없이 달콤한 도넛이 마구 당기니 이는 필시 종일 연수에 몸이 피곤하였던 탓이리라. 빵가게에 들러 함께 온 아카바네 상에게도 빵 하나를 사 주겠다고 했더니 "혼또(정말)?" 하며 반색을 한다. 한국에서는 빵 한 개를 선물로? 낯간지러워 생각지도 못했을 일이나, 작은 것도 정성을 담아 선물하는 이들의 문화에 익숙해져 가는 것인지 자연스럽게 말이 튀어나온 것이다.

어느 정도 시간이 흐르니 두 도시의 가교로서 뭔가 의미 있는 일을 하는 게 좋겠다는 생각이 든다. 하야카와 상에게 전화를 걸어 도시마구 직원들을 대상으로 한국어교실을 열고 싶다고 제안하니, 다음 주 회의 때 함께 의견을 나누자고 한다.

비록 몸은 피곤했지만, 뜻깊은 하루인 것 같아 기분이 좋다. '모든 것은 생각하기 나름인 것이다'.

✈ 🌲 🏠 🕐 🚲 💡

* 개호보험 사업자 연락회 : 개호 서비스의 질 향상을 위한 연수회나 정보 교환, 구 행정과 연락 및 연계 등을 목적으로 하는 개호보험 사업자들로 구성, 운영되는 모임.

동경 한인 천주교회와 니시스가모 창조사 이벤트

5월 12일 일요일

🐾 주일이라 동경 한인 천주교회*에 가려고 집을 나섰다. 그리 독실하지는 않으나 먼 타국땅에 오니 없던 신앙심마저 생겨나는 듯하다. 이케부쿠로에서 유라쿠쵸선(有楽町線)을 타고 고코쿠지역(護国寺駅)에서 내려 10분 정도 걸어가니 성당이 보인다.

01 웅장한 모습의 동경 한인 천주교회

서울 촌뜨기, 일본에 가다

초행길이라 길을 헤맨 탓에 성당에 도착했을 때에는 이미 12시 반이 넘어있다. 날씨도 푹푹 쪄서 땀이 비 오듯 흐른다. 잠시 더위를 식힌 후 안을 둘러보니, 웅장하기가 그지없다.

미사를 마친 후 성당을 나서는데 옆에 계시던 자매님께서 오늘 처음 온 거면 새 신자들 안내 모임에 참석해보라고 한다. 한 시간이나 걸려 와서 피곤하기도 하고 체류기간도 짧아서 그냥 가겠다고 했더니, 한국인 성당은 이곳뿐인지라 두 시간씩 걸려 오기도 한다며 웃는다.

웅장한 대성당의 위용을 카메라에 담은 후 성당을 나왔다. 집에 있을 때에는 10분이면 도착할 거리를 툭하면 지각을 하곤 했었는데, 그동안 내가 복에 겨웠던 게지. 집에 돌아가면 성당을 성심껏 다니리라 다짐해 본다. 이 순간에도 내 배꼽시계는 충전시간이 지났다고 신호를 보내온다. 배를 살살 달래 가며 고코쿠지역으로 발길을 옮기는데, 아파트며 맨션이며 베란다에 펄럭거리는 빨래들이 시선을 잡아끌며 이곳이 정녕 일본이던가 의구심마저 들게 한다.

02 베란다에 펄럭이는 각양각색의 빨래들

이케부쿠로 역에 내려 집으로 가는 버스를 갈아타니 버스와 전철 간에 환승이 되지 않아 교통비가 수월찮게 들어간다. 그나마 버스의 경우에는 정기권을 끊으면 도에서 운영하는 버스는 언제나 탈 수 있다고 하나, 버스 연결이 잘 되지 않는 것 같으니 그 효용성이 의심스럽다. 운동도 할 겸 30분 되는 거리를 걸어가고 있자니 서울의 환승교통시스템이 얼마나 우수한 것인지 새삼 그 가치가 피부 깊숙이 느껴지며 심지어는 그립기까지 하다.

집에 도착하니 3시가 훌쩍 넘어 있다. 잠시 숨을 돌리고 니시스가모창조사*에서 하는 이벤트를 보러 가니 행사가 거의 파장 분위기다.

담당자에게 내용을 물어보니 학교 교정에서 밭을 가꾸는 멤버들이 많은 사람들과 밭의 즐거움을 함께하고자 개최하는 작은 축제로, 벼룩시장도 같이 열리는데 특히 5회째를 맞는 올해에는 어린이부터 할머니까지 지역의 모든 분들이 하루를 즐겨 주기를 바라는 마음을 담아, 더욱 새롭게 단장하였다고 한다. 마치 소규모 일일장을 보는 것 같은데 유기농 야채며, 빵 등 예닐곱 개의 매장이 있고, 부모와 아이들이 함께 하는 만들기 체험교실도 보인다.

마침 옆 '얌차 세트(Yumcha set)'* 판매코너에서는 파장 시간이라 세일을 한다고 하기에 무엇인가 싶어 구매하니 만두, 찐빵, 주먹밥, 딤섬 등으로 구성되어 있다.

과일과 함께 얌차 세트로 저녁을 준비하고 보니 오늘 하루도 참으로 감사할 따름이다.

03 니시스가모 창조사 이벤트

04 다양하게 구성된 얌차세트

✈ 🌲 🏠 🕐 🚲 💡

* 동경 한인 천주교회 : 1985년 8월 11일에 창립. 동경도 분쿄구(文京区)
에 있는 한인 천주교회. 주일 12시 15분에 한국어 미사가 진행된다. 도쿄
메트로를 이용할 때는 유라쿠쵸선 고코쿠지역(護国寺駅)이나 에도가와바
시역(江戸川橋駅)에서 하차하고, 버스를 이용할 때는 야마노테선 메지로
역에서 도에이버스 白61을 타거나 사이쿄선(埼京線), 쮸오선(中央線), 야
마노테선 신주쿠역에서 도에이버스 白61을타고 찐잔소우마에(椿山荘前)
정류장에서 하차한다.
* 니시스가모 창조사 : 폐교된 중학교의 교사 및 체육관을 아트 팩토리로 오
픈한 것. 도시마구 문화 예술 창조 지원 사업의 일환으로 두 개의 NPO가
공동으로 관리 운영하면서 어린이를 위한 워크숍과 지역관계자, 아티스트
에 의한 프로젝트 등을 실시하는 등 예술을 창조하면서 모두가 즐길 수 있는
공간을 만들기 위해 노력하고 있음.
* 얌차(飲茶) 세트 : 차와 함께 하는 간단한 식사.

소메이요시노 사쿠라의 이색 풍경 ✈

5월 14일 화요일

🌸 시간이 지나가니 하나씩 실마리가 풀린다. 혼자였다면 몇 곱절 더 어려움이 있었겠지만, 인사과 스즈키 상도 있고 사이토 과장님도 계시고 문화관광과 여러 직원들이 다들 도와주니 그나마 수월하게 풀리는 것 같다. 모두에게 감사한 마음이다. 오늘은 온종일 외부 견학 연수로 첫 방문지는 구민이 모여 배우고 새로운 삶의 방식을 창조해 가는 거점인 남녀평등 추진 센터.

남녀 구분 없이 한 사람 한 사람 모두가 사람답게 생활할 수 있는 사회를 구현하고자 1992년에 오픈했다고 한다. 애칭도 남녀공동참가 추진 거점으로서의 정신을 표현하는 'Equal participation of community habitants'의 약어인 '에포크10'을 사용하고 있는데, '10'이라는 숫자는 10인 10색의 의미로 남녀공동참가 이념에도 부합하여 사용하고 있다고 한다.

　연수실이나 도서를 대여해 주는 것 외에 여성을 둘러싼 문제, 가정폭력(Domestic Violence)이나 이혼에 관한 상담도 실시한다고 한다. 그 말에 일본에서도 여성을 둘러싼 가정폭력이 많이 있는지 물었더니 '많이'라고 말할 수는 없지만 자신이 학대를 당하고 있다는 것을 인지하지 못하는 경우가 더러 있다고 한다.

　사람 사는 곳은 어디나 다 비슷한가 보다 생각하며, 다음 견학장소인 향토자료관으로 이동했다. 이곳 어디를 가나 느끼는 것이지만, 시설의 규모가 크고 작음을 떠나 항상 자료화가 잘 되어 있다는 것이다. 이 향토자료관 또한 설명을 듣지 않고 지나친다면 그냥 스쳐갔을 작은 시설이지만, 담당 큐레이터의 설명을 듣고 있자니 옛날이야기처럼 재미있는 것이 이 지역에 대한 이해를 돕는 데 큰 보탬이 되었다.

02 향토자료관 내부 모습

그에 따르면 야마노테 선이 이케부쿠로를 거쳐가지 않았다면 지금의 번화한 이케부쿠로는 없었을지도 모르며, 이케부쿠로 암시장은 이케부쿠로 상업 발전의 한 단면을 보여 주는 중요한 의미를 갖고 있어 암시장은 원래 불법임에도 축소도를 만들어 전시까지 하고 있다고 한다.

우리도 무슨 일이든지 처음부터 끝까지 항상 자료를 수집하고 기록하는 등 자료 관리에 철저를 기해서, 훗날에는 역사적인 가치를 갖는 사료가 될 수 있도록 노력을 기울여야겠다는 생각이 들었다.

이어 이동한 곳은 중앙도서관.

시설 중에 인상적인 것은 시각 장애인들을 위한 점자도서관이었는데 그곳에서는 점자 카세트·CD를 만들기 위한 녹음작업을 하여 전국으로 배송하고 있었다.

대부분의 시설들이 일

03 점자책 녹음실

반 도서관과 별로 다를 게 없으나, 아동 코너에서 본 '가미시바이(紙芝居)'가 한동안 나의 시선을 잡아끌었다. 가미시바이란, 앞에는 그림이 있고 뒷면에는 이야기가 적혀 있어 어린이들을 앞에 앉혀 두고 적힌 이야기를 읽어 주노라면 마치 자연스레 이야기를 하고 있는 것 같아서 아이들에게는 곧잘 통하는 시스템이라고 한다. 아이들에 대한 일종의 눈속임이라고 할까, 할머니들이 아이들을 앞에 두고 곧잘 쓰는 방법이라고 한다.

나에게도 가미시바이가 통했던 때가 있었으리라. 괜스레 그 시절이 그리워진다. 돌아가신 엄마까지 그리워지는 것은 어찌 된 영문일까? 한때 엄마가 돌아가시면 따라 죽겠다던 내가 어느 순간 엄마가 돌아가셨음에도 웃고 떠들며 아무 일도 없는 듯 살아가고 있으니 내 모습이 너무 낯설게 느껴질 때도 있다.

문득 담당자의 목소리에 정신을 차렸다. 담당자 왈 "도서관 자료에는 IC칩을 넣어 무단으로 몰래 들고 나갈 때는 삑 하는 경고음이 울리게 되어 있음에도 가끔 자료에서 칩을 떼어버리고 몰래 가져가는 사례가 있다."고 한다. 아니 선진대국 일본에서? 믿기지 않는 사실에 입이 다물어지지 않는다.

다음 장소로 이동하기 위해 도덴을 타니 야마카와 상이 오오츠카(大塚) 장미축제*에 대한 설명에 열을 올린다. 잔뜩 기대를 하고 내다보았으나 양쪽으로 장미가 보이나 싶으면 금세 사라져버리는 정도라 아쉬움이 크다. 규모보다는 내용에 초점을 맞추어야 하는 걸까? 오오츠카 장미축제만 해도 그렇다. 외부

04 앞면에 그림이, 뒷면에 이야기가 적혀 있는 가미시바이

로 드러나는 장미거리의 규모는 어떨지 모르지만, 그 속을 들여다보면 지역 주민들이 주체가 되어 장미를 심고 가꿈으로써 지역에 무관심한 사람들의 관심을 이끌어 내어 마을 자체를 살고 싶은 마을로 바꾸었다는 사실이 그러하다. 듣고 있자니 서울의 마을 만들기 사업과도 유사해 보여 벤치마킹

해도 좋을 것 같다는 생각이 들었다.

이런저런 생각을 하는 가운데 오늘의 최종 목적지인 고마고메(駒込)*에 도착하니, 소메이요시노 사쿠라* 발상지답게 온통 소메이요시노 사쿠라 이야기다. 크기는 비록 자그마하지만, 소메이요시노 사쿠라를 기념해 만든 공원, 난간에 소메이요시노 사쿠라가 조각된 20미터 남짓 되는 소메이 다리, 한때 묘목 가게들이 잔뜩 있었지만 지금은 일반 주택지로 바뀌어 버린 소메이요시노 거리 등 '소메이요시노 사쿠라'라는 이름이 붙지 않은 것이 없다. 곧이어 마주한 옛날 사무라이 니와가(家) 영지의 문과 창고, 쇼와 초기 당시의 건축 모습을 간직하고 있어 국가 유형문화재로 등록되었다고 하는데 이 또한 눈여겨보지 않는다면 무심히 지나쳤을 아담한 공원이다. 실망감도 없지 않았으나 한편으로는 역사적인 가치를 찾아 소중하게 보존할 줄 아는 이들의 마음가짐이 부러웠다.

스가모지조도오리로 가기 위해 소메이요시노 영원 묘지로 들어서니 그곳에도 소메이요시노 사쿠라가 가득한데, 4월에 꽃이 만개하면 장관이라고 한다. 묘지가 마을 내에 위치해서인지 묘지 사이 길을 따라 산책하는, 한국에서라면 이해하기 어려운 이색적인 풍경도 보인다. 묘지 한 편에서는 고양이 두 마리가 세상 편한 자세로 뒹굴며 햇볕을 즐기고 있으니, 여기서는 고양이 팔자가 상팔자인가 싶어 부럽기까지 한 것은 오늘 나의 일정이 너무 빡빡했던 때문만은 아닐 것이다.

드디어 지조도오리로 들어서니 오늘도 고간지에는 사람들이

도시마구의 중요문화재인 사무라이 영지의 문

06 국가 중요 문화재인 니와가(家) 주택 창고

줄을 서서 지장보살상을 닦고 있는데, 건강을 바라는 사람의 마음은 동서고금을 막론하고 똑같은 모양이다.

잠시 휴식을 취할 겸 유명하다는 다이후쿠(大福)* 가게로 들어갔다. 한국의 찹쌀떡 같은 것인데, 특이하게도 맥주와 식사도 판매하고 있었다. 하루의 일정을 마치고 즐기는 단맛의 그 느낌을 경험하지 않은 자는 말을 하지 말라. 입안 가득히 차오르는 팥소의 단맛은 하루의 피로를 가시게 하기에 충분했다.

✈ ⛟ 🏠 🕐 🚲 💡

* 오오츠카 장미축제 : 장미의 품종이 500개에 달하는 등 도내 1위를 자랑하는 최적의 촬영장소. 5월 장미축제 기간이 되면 도덴 오오츠카역(大塚駅)에서 무코하라역(向原駅)까지의 연선에는 장미가 만발하는데, 기간 중에는 '장미와 도덴'의 사진 콘테스트도 열어 시상한다.
* 고마고메(駒込) : 도쿄도 도시마구 행정구획의 하나. 1가에서 7가까지 있다. 2017년 1월 1일 현재, 주민 17,519명에 달한다.
* 소메이요시노 사쿠라 : 에도히간(江戶彼岸)계의 벚꽃과 오오시마자쿠라(大島桜)의 교배로 생겨난 것으로 생각되는 일본산 원예품종. 메이지 중반

부터 사쿠라 중에서는 압도적으로 많이 심어진 품종이며, 현대 장식용 사쿠
라의 대표종이다.

* 다이후쿠(大福) : 안에 팥을 넣은 일종의 찹쌀떡. 떡에 콩이나 쑥을 첨가
한 것이나, 팥 대신 딸기와 커스터드 크림을 넣은 것도 있다. 일반적으로는
그대로 먹지만, 취향에 따라 굽거나 단팥죽에 넣어서 먹기도 한다.

체육관과 100엔 숍 이용하기 ✈

5월 16일 목요일

🌸 대체휴무일이라 아침 늦도록 취할 수 있는 휴식이 무척이나 기분 좋다.

늦은 아침을 챙겨 먹고 운동이나 해 볼까 하고 집을 나서니 뜨거운 햇살도 없고 딱 좋은데, 이따금 빗방울이 한두 방울 떨어진다. 좀 불안하긴 하지만 집으로 되돌아가기도 귀찮아 그냥 체육관으로 향했다. 600엔을 내면 샤워까지 포함해 두 시간을 이용할 수 있는데 3분이 초과되면 가차 없이 가산금 300엔을 붙인다. 시간관념이 참 철저한 일본이다.

운동을 끝내고 기분 좋게 밖으로 나왔는데 이게 웬 말인가?

적당히 기분 좋던 날씨는 온데간데없고 비바람이 몰아치고 있다. 비가 멎기를 기다려 보았으나 멈출 기미가 보이지 않아 편의점에 들렀더니, 비닐우산이 520엔이란다. 순간 머릿속에서 계산기 타다닥거리는 소리가 들려온다.

맙소사! 비닐우산을 6,000원 주고 사고 싶지는 않다. 그냥 그대로 선샤인시티 쪽으로 향했다. 그쪽으로 가면 도큐핸즈*도

있고 100엔 숍도 있으니, 필요한 물품을 손에 넣을 수 있을지도 모른다고 생각한 것이다. 빗속을 헤집고 도큐핸즈에 도착했을 때에는 비 맞은 생쥐 꼴이나 다름없는데, 비에 젖은 몸이 따뜻한 국물을 달라고 외쳐 댄다.

어제 이와사키 상이 말했던 우동 가게가 생각나 물어물어 도착하니 기다리는 사람이 20명도 넘어 보인다. 인기가 있는 곳이긴 한가 보다. 드디어 내 차례가 되어 우동 위에 갖은 튀김을 토핑해서 먹으니, 식도를 타고 내려가는 우동 국물 맛이 끝내 준다.

몸에 온기가 도니 남부러울 것이 없다. 주위를 둘러보며 발걸음을 옮기는데, 마침 저만치 100엔 숍이 보인다. 우산도 고작 200엔에 불과한데 여기 100엔 숍은 모든 제품에 부가세가 5%씩 붙는다.

집에 도착하니, 300엔 아끼려다 감기몸살이라도 걸리는 건 아닌가 살짝 걱정이 되어 반신욕을 하고 있으려니 오늘 한 바보 같은 짓에 어이없는 웃음이 흘러내린다.

✈ 🌲 🏠 🕐 🚲 💡

* 도큐핸즈(TOKYU HANDS) : 도큐(東急) 그룹에 속하는 홈 센터의 업태로 대도시를 중심으로 체인점을 운영하는 기업이지만, 도큐 백화점이 아닌 도큐 부동산 홀딩스의 산하에 있다.
* 마루가메세이멘(丸亀製麺) : 주식회사 토리돌이 운영하는 사누키 우동전문점

적응이 될라치면 돌아가게 될 것 같다. 어제가 대체휴무라 쉬었으니 좀 일찍 출근해야겠다 싶어 아침부터 부지런을 떨었다.

발걸음도 가볍게 사무실에 도착하니, 오늘따라 사무실 직원들이 반갑기 그지없다. 하야카와 상이 오늘의 스케줄을 알려 주는데 오전에는 방송 스케줄이 잡혀 있다. 내용이라야 주말행사 안내인데 그 간단한 방송조차도 과장님의 결재를 받은 후에야 이루어진다고 한다. 아주 사소한 것이라도 철저히 보고체계를 유지하는 것이 참으로 인상적이다.

방송은 11시에 예정되어 있는데 일찍부터 서둘러 본 청사에 도착해서는 지하에 가서 연습을 좀 하고 가잔다.

수도 없이 느껴지는 이들의 철저함, 사소한 것 하나에도 많은 검토와 연습을 거치는 이들. 일본 국민들의 저력이 아닐까 싶은 생각마저 든다.

퇴근 후에는 오오츠루 상이 안내해 준 '비크카메라', '돈키호

01 선샤인시티 사법시험장

平成25年
司法試験場
（☆考場）
文化会館2階(実会ホールD)
文化会館3階(実会ホールC)

테*', '마츠모토키요시*'를 둘러보러 갔다.

마츠모토키요시는 화장품이랑 욕실용품 등 잡화 위주로 판매하는 2층 건물에 불과하나, 돈키호테는 층별로 판매품목이 구분되어 있고 취급품목도 다양하며 24시간 영업이라 이용이 용이하다. 그러나 워낙 물가가 비싼 일본이라 어느 것 하나 가격이 만만한 것은 없다. 프라이팬을 보니 테팔 아니면 'made in china'다. 일본에도 made in china가 넘쳐나는 것이 신기할 따름이다. 다시 발걸음을 돌려 자랑스러운 'made in korea'를 사려고 SEIYU 선샤인시티점으로 발길을 향하는데 시선을 확 잡아끄는 입간판 하나가 눈에 들어온다. 이름하여 '平成25년(2013년) 사법시험장' 안내 표지판!

사법연수생이 되기 위한 자격시험인 사법시험은 4일간에 걸쳐 논문식 및 단답형 시험이 모두 치러지는데 이 시험에 응시하기 위해서는 법과대학원 과정을 수료하거나 예비시험에 합격해야 한다.

특히 경제적인 이유 등으로 진학할 수 없는 경우에도 예비시험을 패스하면 응시 자격이 주어지는데 이런 점 때문에 요즘은 젊은이들이 법과대학원을 기피하고 예비시험으로 흐르는 문제

점이 대두되고 있다고 한다.

시간이 어느새 7시가 훌쩍 넘어 집으로 돌아오기 무섭게 인터넷 전화 연결을 시도했으나, 마음대로 되지 않는다.

일전에 통화했던 LG 담당 기사에게 물어 LG넷 관리자 페이지로 들어가 연결메뉴를 보니, 마침 'pppoe'*가 눈에 들어온다. SO-NET 인터넷 신청 시 pppoe가 있었던 것이 생각나 혹시 그거 아니냐고 했더니, 맞다며 '일반적으로는 유동 IP를 쓰는데, 고객님 경우에는 pppoe로 하면 된다.'고 한다.

이곳 최대의 난제였던 인터넷 전화문제가 2주 만에야 완벽하게 해결되는 순간이었다. 오늘 근무일도 아닌데, 밤 늦은 시각에 친절하게 안내해 준 마음 씀씀이가 그리 고마울 수가 없다. 오던 날부터 인터넷이 안 되어 전화요금은 눈덩이처럼 불어나고 마음대로 인터넷을 할 수 없으니, 지난 2주간은 마치 세상과 철저히 단절된 무인도에 와 있는 느낌이었다. 그러나 드디어 오늘을 기해 광명이 찾아온 것이다. 그 기쁨을 무엇에 비길까 경험하지 않은 자는 짐작도 못할 것이다.

개통 기념으로 집에 전화를 했더니 마침 큰 아이가 전화를 받는다. 어제 오늘 있었던 일련의 일들을 이야기해 주었더니 "엄마, 고생스럽게 사는구나!"하며 내 기쁨이 전달되는지 자기도 반갑게 웃어 주니 모든 피로가 순식간에 날아가는 것 같다.

✈ 🌲 🏠 🕐 🚲 💡

* 돈키호테 : 돈키호테 그룹의 핵심 업종. 편리함, 할인, 재미의 삼위일체를 매장 콘셉트로 하는 종합 할인매장. 식품, 일용품을 비롯해 잡화, 의류, 가전제품, 명품 등 약 45,000개의 다양한 상품을 갖추고 지역 상권에서 상품의 가격, 가치, 구색 갖추기의 최고 매장으로 고객들이 항상 찾는 매장 만들기를 지향하고 있다. 이케부쿠로 동쪽출구역전 매장의 경우 7층 건물로 지하1층은 식품, 1층은 화장품, 2층은 여행용품, 향수 등, 3층은 의류, 4층은 잡화, 5층은 가전, 6~7층은 브랜드 제품이 진열되어 있다.

* 마츠모토키요시 : 일본 최대 약국 체인 기업. 마츠모토키요시 홀딩스의 자회사. 2005년 8월에는 약국 업계 최초로 전자 화폐 '라쿠텐(楽天) Edy'를 도입. 개인 브랜드로 'MK CUSTOMER'를 발매하고 의약품, 화장품, 잡화, 식품 및 4개의 카테고리로 나누어 운영하고 있다.

* pppoe : 전화접속 인터넷 연결 방식으로, ADSL 서비스에 주로 사용된다.

3세부터 70세까지, 함께하는 모내기 행사 ✈

5월 19일 일요일

🌼 오늘은 도시마구와 자매 결연을 맺고 있는 이바라키현(茨城縣)*으로 모심기를 하러 가는 날이다. 혹여라도 약속시간에 늦어 동대문구라는 이름에 누가 될까 싶어 부랴부랴 길을 나섰더니 시간이 여유롭다.

오늘 참가인원은 24명, 3살 꼬마에서부터 70세 할머니까지 다양한데 다들 모심기는 처음이라며 설레는 모습이다. 나 역시도 시골에서 자랐지만 모내기는 처음이라 기대는 되나, 햇볕이 너무 강하니 타면 어쩌나 조금 걱정도 되었다. 참가자들을 기다리고 있는데 사이토 과장님이 도착했다. 일행을 배웅하러 왔다며 일행이 떠나면 곧바로 소메이요시노 사쿠라 행사장에 가야 된다고 한다. 여기나 저기나 공무원들의 입장이란 것이 예전 같지 않다.

일반인들은 공무원이라 하면 '9시에 땡 출근, 6시 땡 퇴근'인 줄 알지만 그건 전부 옛날이야기다. 요즘은 공무원 사회가 주민들에 대한 서비스 제공에 열심이어서, 업무가 종료된 6시 이후에도 시간을 연장하여 대민 서비스를 행하는 등 일반 기업보다 오히려 친절도가 높은 경우를 많이 볼 수 있다. 가끔은 지나치게 친절을 강조하다 보니, 도에 넘는 억지 민원으로 인해 극심한 스트레스는 물론이고 때에 따라서는 신체적인 위해까지 당할 때도 있다.

하지만 공무원이라는 그 이름 석 자 때문에 벙어리 냉가슴 앓듯 하는 일마저 비일비재하다. 물론 주민들에게 양질의 서비스를 제공하는 것에는 동감이지만, 가끔은 공무원 역시도 국민의 일원으로서 직장이 생활의 터전이기도 한 것을 알아준다면 얼마나 좋을까 생각할 때도 있다.

목적지에 도착하니 전체 참가 인원은 130명 남짓인데 외국인의 모습도 눈에 띈다.

작업 설명을 들은 후 만반의 준비를 한 후 논으로 들어갔으나 이게 생각만큼 쉬운 것이 아니다. 체험 삼아 가끔 하는 우리에게야 가끔 쐬는 시골의 바깥바람이 기분전환이 될 수도 있겠지만 업으로 하는 이들에겐 얼마나 고된 일일까! '시골에서 열심히 농사짓는 분들의 노고 덕분에 삼시 세끼 밥을 먹고 있구나.'싶은 생각에 새삼 감사한 마음이 든다.

어느새 점심시간이 되어 맛있는 음식 냄새가 코를 찌르는 주방을 지나 식당으로 들어가니 '다끼꼬미고항'*이라는 밥이 준비되어 있다. 반찬이야 오이, 양배추 절임에 된장국이 전부였지만, 밥이 어찌나 맛있는지 금세 한 그릇을 뚝딱 해치웠다.

이윽고 돌아오는 차에 오르니, 도중에 온천 입욕이 포함되어 있다. 온천에 도착하니 이바라키현에서 동행한 직원 두 명이 우리들을 방 하나로 안내하기에

무슨 일인가 하고 따라가니 참가비를 받는 것이다. 직원들도 예외 없이 일인당 2,000엔. 구민들을 인솔해 간 직원들에게도 참가비를 받다니 다시 한 번 적응 안 되는 상황에 순간 당황하였으나 공사를 분명히 하는 이들의 이런 점은 우리도 한 번쯤은 생각해야 될 점이 아닐까 싶은 생각이 든다. 살짝 본전 생각이 들어 온천을 다녀와 차에 올라서는 금세 단잠에 빠져들었다. 한참 만에 눈을 뜨니 휴게소다. 여기저기 엄마 아빠 손을 붙잡고 먹을 것을 사 달라고 졸라 대는 아이들의 모습이 눈에 띄는데 흔히 볼 수 있는 휴게소의 모습이 정겹게 느껴진다.

얼마나 차가 달렸을까, 야마카와 상이 김 상 집 근처라고 하여 내다보니 정말이다. 그런데 차가 아무 미련도 없이 그냥 지나가는 것이 아닌가! 나랑 같은 방향의 구민도 있었는데, 아무도 이렇다 할 이견을 제시하지 않는다. 서울과 다른 또 하나의 문화를 경험하는 순간이었다. 서울이었다면 목적지 가는 길목에 내릴 사람은 내려 주고 가는데, 그게 아니었던 것이다. 어쩔 수 없이 목적지까지 갔다가 되돌아오는 수밖에 없었으니 목적지

에 도착해 정식으로 해산식을 하고서야 헤어졌다. 이들의 철저한 단체활동 의식에 존경의 염마저 생긴다.

집에 돌아오니 때마침 큰아이에게서 전화가 걸려 왔다. 동생이 결제할 것이 있는데 뭔가 업그레이드해야 된다고 메시지가 뜬단다. "할 것도 많은데……." 하며 툴툴거리면서도 챙겨 주는 모습이 사랑스럽다. 이 없으면 잇몸으로 산다더니, 세 사람이 아옹거리면서도 잘 챙겨 나가는 모습이 보기 좋다. 내가 계속 함께 있었다면 이런 기회는 주어지지 않았겠지. '주님. 이를 계기로 가족이 더욱 화합하고 하나가 되어 가는 듯하니 제게 이런 기회를 주심에 감사드립니다.'

✈ 🌲 🏠 🕐 🚲 💡

* 이바라키현 : 일본의 현의 하나로 관동의 북동쪽에 위치하며, 동쪽은 태평양에 접해 있다. 현청 소재지는 미토시(水戸市). 인구는 2017년 1월 1일 기준 약 296만으로, 전국 11위이다. 인접한 현으로는 치바현(千葉県), 사이타마현(埼玉県), 도치기현(栃木県), 후쿠시마현(福島県)이 있다.
* 다끼꼬미고항 : 어육, 야채 등을 잘게 썰어 넣어 쌀과 함께 짓는 밥을 말하며, 보통 다시마 국물, 간장 등으로 양념한다. 일명 '고모꾸메시(五目飯)'라고도 한다.

한국문화 나누기, 김 상과의 샤베런치

드디어 '김 상과의 샤베런치'가 시작되는 날. 이름은 거창하나 내용은 특별한 것이 아니다. 각기 도시락을 가져와서 점심 식사를 같이 하면서 일본과 한국의 문화 차이나 궁금한 한국어 알아보기 등 한국에 대해 부담 없이 이야기를 나누는 시간이다. 12시가 되자, 신청한 직원들이 자기 도시락을 챙겨서 속속 모여든다. 10여 명 남짓 되는데, 마치 학창시절의 교실에 앉아 있는 느낌이다. 서로의 도시락을 보며 피우기 시작한 이야기꽃이 학교 시절 암기 과목 외우던 노하우, 한국 학생들의 수능 이야기, 극성스런 한국과 일본의 엄마들 이야기, 한류스타 이야기로 이리저리 정신없이 튄다. 이야기에 정신이 팔려 시간 가는 줄 모르다 금세 한 시가 되어 버리니 언제 그랬냐는 듯 순식간에 자리를 정리정돈하고 근무 분위기로 돌아간다.

오늘도 사이토 과장님은 오후 일정이 빡빡한 듯, 한 시가 되기 무섭게 출장이다. 과장님이 자리를 비우자, 사무실 분위기가 들뜨며 여직원들이 점심시간에 미처 못다 한 이야기의 바통을 이

어 간다. 과장님이 자리에 없다는 사실 하나로 이렇게 분위기가
화기애애해지는 것이 그저 신기할 따름이다.

전 세계은행 부총재가 말하는 소통과 행복

5월 25일 토요일

멀리 타국에서 지내는 것이 그리 쉬운 일은 아닌가 보다. 입 안은 헐어서 푹 파여 있고, 밤잠도 설치기 일쑤다. 느지막하게 잠 자리에서 일어나 한껏 여유를 부리다가 도시마구가 남녀공동참가 도시 선언* 10주년을 맞아 마련한 전 세계은행 부총재 니시미즈 미에코(西水 美惠子)* 상의 강의에 참석하기 위해 집을 나섰다.

강사가 강사이니만큼 강연장이 미어터지겠지 생각하며 릿쿄 대학* 강연장에 도착했을 때는 의외로 빈자리가 많이 있어 어떻 게 이 정도밖에 안 되지 의구심이 들 정도였다. 강의가 진행되 니 가끔씩 사람들이 웃기도 하지만, 나는 웃을 여유가 없다. 모 르는 단어들이 많으니 단어 하나하나 듣기에 바쁘다.

'이렇게 대단한 분인 줄 알았다면 인터넷에서 좀 찾아보고 오 는 건데……' 살짝 후회감마저 밀려왔다. 하지만 이미 엎질러 진 물. 강의 현장에 있었다는 사실로 위안을 삼을 수밖에. 그 와 중에 그래도 내게 인상 깊었던 내용을 소개하자면 이러하다.

먼저 "아이 스스로 한발 한발 나아가게 하라." 이는 부모님들, 그중에서도 아이를 위해 하나에서부터 열까지를 다 챙겨 주는 수능 학부모들에게 들려주고 싶다. 부모라는 것이 언제까지나 아이 옆에 있을 수 있는 것이 아니기에 아이에게 물고기를 잡는 방법을 알려 주는 것이 더 중요하지 않겠는가. 스스로 문제해결 능력을 갖게 함으로써 어떤 상황 속에서도 홀로서기가 가능한 아이들이 될 수 있도록 말이다.

둘째로는 "그 나라 사람들과 진정으로 소통하기를 원한다면 그 나라 언어부터 공부하라." 나 또한 일본어가 좀 더 출중했다면 강사가 전하고자 하는 이야기들을 더 많이 더 잘 이해할 수 있었을 텐데 하는 생각에 고개가 끄덕여졌다.

마지막으로 "경제성장은 행복추구를 위한 수단이다."라는 것인데, 한국 아빠들의 슬픈 이야기가 떠올랐다. 우리가 직장에 다니고 돈을 버는 것도 결국은 나의 행복, 내 가정의 행복을 위한 것이거늘, 아이가 어린 젊은 시절에는 직장에만 매달렸다가 나이가 들어 아이들이 성장하고 나서 가정에 충실하려고 돌아보니 어느새 아이들과의 관계가 소원해져 있었다는 너무도 흔한 이야기를. 너나 할 것 없이 일도 좋지만, 가급적이면 일과 가정이 양립될 수 있도록, 또한 돈의 노예가 될 것이 아니라 그 돈을 효과적으로 활용할 줄 아는 삶을 삶으로써 경제활동이 행복추구의 수단이 되도록 해야겠다는 생각이 들었다.

강의장을 빠져나오는데, 니시미즈 미에코 상과 이야기를 나누고 싶어 하는 사람들이 줄지어 기다리고 있다. 그중에는 멀리

홋카이도에서 비행기를 타고 온 사람들도 있다.

인근 카페에서 잠시 이야기꽃을 피우니 어느 곳 할 것 없이 여자들의 수다란 시작되면 시간 가는 줄 모른다.

어느새 5시가 훌쩍 넘어 이케부쿠로 지하상가 에치카* 식재료 가게로 구경을 가니 매장에는 베트남, 한국, 중국 등 여러 나라의 식자재며 온갖 신기한 인스턴트 식품들이 가득하다. 여기까지 온 김에 인근에 있는 도부백화점 구두매장으로 올라가니 210~215㎜의 작은 사이즈들도 여러 개 눈에 띈다. 이렇게 반가울 수가. 다음을 기약하며 집에 돌아오니 때맞춰 큰 아이가 보낸 택배가 도착했다.

박스 가득 쌓여 있는 라면들. 기쁨의 탄성을 지르며 큰아이한테 전화를 했더니, "히히! 앞으로 5개월 남았으니, 1주일에 한 개씩은 끓여 먹을 수 있을 거야."하면서 웃는다. 전화기 너머로 보이는 그 모습이 사랑스럽기도 하고 나름 엄마를 생각해 주는 마음이 가상키도 하여, 나도 함께 수화기 너머 웃음으로 감사한 마음을 전했다.

✈ 🌲 🏠 🕐 🚲 💡

* 남녀공동참가도시 선언 : 2002년 2월 15일 구의회 만장일치로 구민 모두의 인권이 성별에 관계없이 존중되고 사람답게 살 수 있는 마을을 만들기 위해 채택한 선언이다. 남녀공동참가사회라 함은 인권이 존중되고 각각의

개성과 능력이 발휘될 수 있는 다양성과 활력이 넘치는 사회를 말한다.

* 니시미즈 미에코(西水 美恵子, 1948~) : 전 세계은행 부총재, 전 프린스턴 대학 부교수. 현재는 싱크탱크 소피아뱅크의 수석 파트너. 고등학교 재학중 자매도시 고등학교 친선대사로 뉴욕을 방문. 그 후에 로타리클럽 교환학생으로 재 도미, 그대로 귀국하지 않고 가우처 칼리지(Goucher College)에 입학하여 경제학을 배운다. 1970년 졸업 후 일시 귀국하나 1971년에 다시 도미하여 1975년 존스홉킨스대학 대학원 경제학 박사과정(경제학)을 수료했다.

* 릿쿄대학(立教大学) : 도시마구 이케부쿠로에 있는 사립대학. 1922년에 설립되었다.

* 에치카(Echika) : 도쿄 지하철(도쿄 메트로)이 운영하는 역 구내 상업 시설이며 지하상가이다.

세대 간 교류의 장, 구민히로바 ✈

5월 30일 목요일

🌸 오늘은 원래 학교, 지역단체, 민관이 하나가 되어 1시간 동안 거리를 청소하는 '고미(쓰레기)제로데이'가 계획되어 있었다. 서울 자치구에서 하는 대청소의 날과 유사한 행사로 1년에 한 번 실시한다고 하나 비로 인해 취소되고 과장님과의 상담으로 변경되었다.

이곳에서는 1년에 두 차례 정기적으로 직원들과 1:1 면담을 하는데 직장이나 가정에서의 고충, 건강 등 개인적인 신변 이야기 등을 듣고 함께 이야기를 나눔으로써 애로사항을 해소하기 위한 것이라고 한다. 과장님과 일본생활에 대해 소소한 이야기를 나누고 사무실로 돌아오니 구민히로바 과장이 뒤쫓아 들어온다. 설명에 따르면 종전까지 별도로 운영되던 어린이시설, 노인시설, 구민 집회실 등을 초등학교 구역을 기초 단위로 하여 아이부터 고령자까지 누구라도 이용할 수 있도록 재편한 것이 구민히로바라고 한다. 그 결과, 구민히로바는 세대 간 교류의 장으로 지역 활동, 커뮤니티의 거점이 되었고, 운영도 지역주민이 자주적으로 한다고 한다. 이후 구민히로바 조례도 제정하여 고령자의 건강, 문화 활동 지원, 자녀양육 지원, 자치활동 지원 등의 사업을 하기도 하고 각종 이벤트, 문화제 등 교류활동을 실시하여 구민의 자치적인 활동의 장이 되었다고 한다.

특히 인상적인 것은 'CSW(Community Social Worker)'*라는 전문가 그룹인데, 독거노인 등 구민히로바 방문이 어려운 이들에 대한 정보를 제공받아 현장을 방문하여 그들의 문제를 해결해 주거나 구청 해당부서와 연계해 주는 일을 한다고 한다.

구민히로바에 대한 설명을 듣고 있자니 핵가족화 등으로 인해 점점 단절되어 가는 세대간 통합을 위해 이런 시스템을 도입해 보면 어떨까 하는 생각이 들었다.

✈ 🌲 🏠 ⏰ 🚲 💡

* CSW(Community Social Worker) : 지역 복지 코디네이터. 지역에서 도움을 필요로 하는 사람들을 파악하고, 가까운 지역의 상담 창구나 방문 등을 통해 다양한 상담에 응하고, 생활 중 어려운 문제의 조기 발견을 위해 노력한다. 도움을 필요로 하는 이들에게는 공적 서비스나 자원봉사 등의 비공식 서비스에 적절히 연계하여 조기에 해결되게 하고, 해당 지역의 관계기관과 지역 활동 단체 간의 네트워크를 구축하여 지역 복지 증진을 도모한다.

chapter 2

일본의
정책을 배우다

우리 지역 푸르게 푸르게, 미도리 커튼

6월 1일 토요일

🌸 오늘 작업내용은 사전신청자들에게 묘목을 나누어 주는 것으로 내가 도착했을 때는 이미 200명 분량의 묘목과 어린 덩굴이 이름과 묘목 종류가 적힌 비닐 봉투에 담겨 주인을 기다리고 있다.

도시마구는 동경 23개 구 중에서도 녹지가 유난히 적은 지역적 특성 때문에 이렇게 묘목을 배부함으로써 '미도리 커튼'* 등의 녹화작업을 활성화하여 실내공기를 시원하게 함으로써 냉방기 사용도 줄이고, 지구환경도 지키고자 노력하고 있다고 한다. 더 나아가 이웃 간에 미도리 커튼을 확대해 감으로써 시원한 마을을 만들고 이웃 간 친목도 도모할 수 있는 이점까지 있다고 한다. 그제야 처음 현장에 도착해서 품었던 미도리 커튼의 효용성에 대한 의문이 풀림과

01 묘목 배부 행사

동시에 환경부서의 중점 사업을 녹화사업으로 삼은 것이 이해되었다.

02 묘목 돌보기 시연

한편 지하 회의실에서는 묘목 관리에 대한 강좌가 진행 중인데, 참가자는 20명에 불과하다. 하지만 다들 한 치의 흐트러짐도 없는 자세로 진지하게 강사의 설명에 집중했다. 설명이 끝난 후에는 뒤편에 마련해 놓은 모의정원에서 시연을 통해 묘목 심는 방법이며 관리법에 대한 이해도를 높여 주었다. 이 날도 역시 참가자는 순수 자발적으로 모인 사람들뿐으로, 그 수가 아주 적은 점에 놀랐지만 인원의 많고 적음에 불구하고 대처하는 직원들의 태도는 무척이나 진지하다.

어느새 2시가 훌쩍 지나, 다음 행사장인 포크앤컨트리 페스티벌 장소로 이동하니 지역 특산품전도 함께 열린 행사장에는 10개 넘는 부스가 마련되어 저마다 마련해 온 지역특산품들과 먹거리 등을 판매하며 지나가는 이들의 눈과 코를 자극하고 있다.

03 만화 캐릭터의 특별 주민표

한편 메인 무대에서는 컨트리 가수들의 열창이

이어지고, 무대 앞에 마련된 테이블에는 행사에 온 사람들이 저마다 부스에서 사 온 갖가지 먹거리와 함께 음악을 즐기고 있다.

마츠다 상이 일일이 부스로 나를 안내하며 설명을 해 주는데, 특이하게도 도시마구 부스에서는 특별 주민표를 1장에 400엔에 판매하고 있다. 주민표라고 하면 우리네 주민등록등본 같은 것이니 이해가 가는데, 특별 주민표라니 도대체 감이 안 잡혀 옆 직원에게 물어보았다.

직원의 대답인 즉, 특별 주민표란 이곳에서 40여 년간을 살았던 유명만화가 요코야마 미츠테루(横山 光輝)*의 만화 속 캐릭터 사리 짱과 아카카게 짱의 주민표라며 보여 준다. 이걸 누가 사느냐 했더니 만화를 좋아하거나 관심 있는 사람들은 사 간다는 것이다. 무관심하게 지나갈 수도 있는 작은 것에서도 가치를 찾아내 상품화하는 이들에게 감탄하는 순간이었다.

✈ 🌲 🏠 🕐 🚲 💡

* 미도리 커튼 : 창문 면을 넝쿨 등 푸른 잎으로 가리는 것. 이로써 강한 햇빛을 차단하여 실내온도를 낮추는 효과도 가져옴.
* 요코야마 미츠테루(横山 光輝, 1934~2004): 만화가. 고교시절에 데즈카 오사무(手塚 治虫)의 '메트로폴리스'를 읽고 만화가가 되기로 마음먹었다. 대표작으로 〈철인 28호〉, 〈요술공주 샐리〉, 〈바벨 2세〉, 〈삼국지〉 등 다수. 〈철인 28호〉로 거대 프로젝트 애니메이션, 〈요술공주 샐리〉로 요술공주 애니메이션 역사가 시작되었다고 하며, 애니메이션화된 작품도 많다.

1991년 제20회 일본 만화가 협회 우수상을 수상한 〈삼국지〉는 총 60권에 15년이 걸린 대작으로, 그에게 '만화계의 만리장성'이라는 호칭을 얻게 했다. 데즈카 오사무가 '만화의 신'으로 불린 반면 요코야마는 '철인 28호'의 이름을 따서 '만화의 철인'으로 불렸다. 도시마구 치하야(千早)의 집에서 사망할 때까지 45년을 보냈다.

일본의 이색적인 흡연 문화

6월 4일 화요일

드디어 오늘 도시마구 직원들에게 한국어 및 한국문화 첫 강좌를 실시하는 날이다. 일어나자마자 컴퓨터를 작동시켜 보는데 갑자기 동영상이 작동이 안 된다. 이렇게 당황스러울 수가. 가까스로 다시 설정을 한 후 사무실에 도착하니 5분 전.

컴퓨터 다루는 것도 미숙한데다가 준비하는데 많은 시간이 걸려 힘들긴 하지만, 이들에게 우리의 자랑스러운 한글을 알려 줄 수 있다는 생각에 뿌듯한 마음 그지없다. 자료를 좀 더 보충한 후 환경과 연수를 위해 부서에 도착하니 '담배꽁초 노상투기 조례'에 관한 자료를 나눠주는데 노상에다 담배꽁초를 버리는 것은 조례로 금지되어 있어, 도로에서 흡연을 할 때는 지정된 장소에서만 해야 된다는 것이다.

간단한 설명을 끝내고 처음 방문한 흡연지정장소는 재떨이통 두어 개를 중심으로 화분을 몇 개 둘러쳐서 구역표시를 해 놓았을 뿐이다. 남녀노소 구분 없이 한자리에 모여 담배를 피우고는 아무 일도 없었다는 듯 돌아가곤 하는데 서울에서는 보기 어려

01 흡연 지정 구역　　02 이색적인 이케부쿠로역 앞의 흡연장

운 참 색다른 광경이다.

　이어 찾아간 흡연구역은 아까와는 다르게 규모가 커서 차가
안에 들어갈 수 있도록 경사로까지 만들어져 있다.

　또한 담배연기가 새어 나가 생기는 민원을 억제하기 위해 투
명 플라스틱 벽을 만들고, 미도리 커튼까지 설치했다. 오늘따라
햇볕도 몹시 따가워 다니는 일이 쉽지 않은데, 담당직원도 그러
했는지 슬쩍 슬쩍 시계를 쳐다보는 모습에 나도 모르게 웃음이
새어 나온다.

　사무실로 들어와 잠시 정신을 수습하고 한국어 교실 첫 강습
회장으로 이동하니 오늘의 강의 장소는 다다미방이다. 자리를
배치하고 보니 서당과 흡사한 모습이다.

　그런데 이건 또 웬 날벼락이란 말인가. 아무리 애를 써 봐도
컴퓨터와 대형 모니터가 연결이 되지 않는다. 학습효과의 배가
를 위해 어렵게 어렵게 준비한 동영상인데…… 게다가 오늘이
처녀 수업이 아니냐 말이다. 아쉽지만 노트북 모니터로만 강의

03 다다미방에서의 한국어 교실

를 진행, 그렇게 첫 수업이 마무리되니 그래도 이들을 위해 뭔
가 시작했다는 생각에 한결 기분이 가뿐해짐을 느낀다.

그린 하트 프로젝트

6월 7일 금요일

🌸 오늘은 소학교 4학년을 대상으로 하는 환경교육을 참관하는 날이다. 이와세 상을 만나러 여유 있게 1층으로 내려왔건만 이미 그녀는 사무실에 다녀오는 길이다. 약속시간을 정말로 소중히 여기는 그들. 일본인들의 숨겨진 힘 중 하나가 아닐지.

이윽고 방문한 소학교. 어릴 적부터 녹화의 소중함을 일깨워 주고자 초등학생을 대상으로 실시하는 환경교육의 일환이라고 한다.

강사는 NPO*에서 일하시는 분인데, 아이들 눈높이에 맞추어 강의를 맛깔나게 진행한 다. 2011년 3월 11일에 있었던 동일본대지진의 처참한 사진들, 특히 이 소학교와 구조도 비슷한 학교 교사(校舍)의 참사 현장 사진을 보여 주며 "이것이

01 녹화의 소중함에 대한 환경 교육

너희들 학교면 어찌하겠느냐?"며 아이들의 공감을 끌어냈다.

그 밖에도 수많은 아이들이 졸지에 부모를 잃어 고아가 됐다는 내용이 실린 기사들, 강사 자신이 참사현장에서 건졌던 흙투성이 책 등을 준비해 와서 큰 영상화면을 통해 아이들에게 보여주며 "이것이 너희들 일이라면?" 하면서 질문을 던진다. 그렇게 아이들에게 동기유발을 하는가 싶더니, 본론으로 들어가 설명을 이어 가자 아이들의 눈이 초롱초롱해진다. 사진이며 지도며 각종 자료들을 준비해 와서 녹음이 우거졌을 때 어떤 이로움이 있는지 등을 설명한 후, 아이들을 교정으로 데리고 나가 현장학습을 시킨다.

아이들로 하여금 직접 만져 보게 하고 냄새를 맡아 보게 하고 모양은 어떻게 생겼는지 등을 체험하면서 교정의 지도에 생명체들의 위치를 그려 넣게 했다. 생생하게 전해지는 현장학습에, 나도 마치 초등학생인 양 잠시 현실을 잊고 순수 그 자체의 시절로 돌아갔다.

이와세 상이 부연설명을 덧붙이니, 학교의 이러한 녹화사업은 화재나 지진 등 자연재해가 났을 때 방패막이가 되어 줄 뿐아니라 사람들의 도피 장소가 되기도 하고, 이러한 자연학습을 통해 아이들에게도 자연스럽게 녹음의 소중함을 일깨워 준다고 한다. 아이들의 순수한 모습이며 생생한 교육의 모습이 그냥 지나치기 아쉬워 사진에 담았더니, 이와세 상이 조심스럽게 귀띔을 한다. 보호자들이 아이들 사진이 노출되는 것을 극도로 꺼려

하니, 블로그 등에 오픈을 하고자 한다면 필히 해당 사진을 교장 선생님과 담임선생님께 보여드린 후 허락을 구하라고 한다.

오후 연수는 이름하여 '내 고장 답사기'이다. 구청 입사 2년차 직원들을 대상으로 관내 지역 중 희망하는 지역별로 그룹을 짜서 지역 어른들과 함께 현장을 돌면서 그 지역의 역사 내지는 숨겨진 이야기 등을 듣는 시간이라고 한다. 구세대와 신세대 간의 교류를 통해 역사의 끈도 이어 가고, 애향심도 불어넣고, 세대 간의 소통도 이루어질 수 있는 소중한 시간인 것 같다.

이곳저곳 둘러보는 중에 특히 공들여 설명받은 곳은 '미나미 나가사키 하랏바 공원'. 이곳에는 1964년 도쿄올림픽을 기념해

수영장을 만들었으나 시설이 노후화됨에 따라 수영장을 철거하고 지금의 공원을 만들었으며, 도시마구에서는 네 번째로 큰 공원이라고 한다. 크기로야 서울에 비할 바가 못 되지만 거기에 숨겨진 지역주민들의 애정 어린 관심을 듣고 있으려니 다소 숙연해진다.

수영장을 철거하고 공원을 만들긴 했으나 수영장에 사용했던 염소의 영향 때문인지 아무리 해도 풀들이 자라지를 않아 지역주민들이 잔디 모종을 가져다 일일이 심어서 잔디밭을 만드는 등 한 사람 한 사람이 힘을 모아 지금의 꽃밭이며 연못을 꾸몄다는 것이다. 방재에 도움이 되고 주민의 교류를 깊게 하며 다양한 세대의 사람들이 즐겁게 지낼 수 있는 공간으로 만들어진 공원. 이들의 숨겨진 저력, 단합된 힘의 한 단면이지 않을까 하는 생각이 들었다.

현장을 돌고 와서는 다시 한자리에 모여 의견 교환을 하니 한층 더 분위기가 화기애애하고 의사소통도 활발하다.

우리나라에서도 신규 직원들에 대해서 이러한 교육 프로그램을 도입한다면, 세대 간 벽도 허물고 내 고장에 대한 애착심도 키울 수 있지 않을까 하는 생각이 들었다.

03 주민들의 힘으로 만들어진 미나미 나가사키 하랏바 공원

* NPO(Non-Profit Organization) : 공익 등을 목적으로 설립되어 자발적으로 활동하는 비영리 민간단체.

참가만 해도 50엔, 스가모 지역 상인축제

6월 9일 일요일

🌸 뭐든 횟수가 거듭되면 신선도가 떨어지는 법, 여러 번 방문한 스가모 지역 상인축제라 별 기대감 없이 축제 본부가 있는 신쇼지로 향했다.

덥긴 하나 행사가 시작되자 제법 많은 사람들의 발길이 이어지고 있다. 여기에서도 어김없이 스탬프랠리가 행해져, 행사장 일곱 곳을 모두 돌아오면 추첨권이 주어진다.

상점가 연합회에서 주관하는 행사라 그런지 5,000엔 상품권부터 500엔 상품권까지 추첨권 상품도 제법 푸짐하고, 참가만해도 50엔 현금을 준다. 지나가는 사람들에게 전단지를 나눠주

01 스가모 지역 상인 축제 마스코트

02 스가모 상인 축제의 추첨상품권

며 "1등은 5,000엔, 참가상도 50엔"이라고 하니 가던 발길을 멈추고 전단지를 받아든다.

추첨권이 제법 한몫해서 어제는 1,300명이나 다녀갔다고 한다. 일곱 곳을 모두 돌아도 40분이면 족해 아이들에게는 제법 짭짤한 용돈벌이라고 하더니 몇 번씩 다녀가는 아이들이 수월치 않게 눈에 띈다. 12시가 되어가니 어깨가 묵직해 오는데, 상인회 회장이 오시더니 신참인 나에게 식사비로 1,000엔을 건네준다. 이곳에서는 흔치 않은 일이기에 이와마 상을 쳐다보았더니 받아도 된다고 눈짓을 한다. 공짜의 위력이라니. 갑자기 없던 기운이 솟는 것 같다. 현장 분위기도 제법 무르익어 스태프와 호흡을 맞추다 보니 어느새 종료시간이 되어 아쉬움을 뒤로한 채 작별인사를 하고 물러나왔다.

스태프들이 대부분 어르신들이었는데, 오늘도 어제만큼 많은 분들이 다녀가셔서 지역상권도 활성화되고 그분들의 얼굴에 늘 웃음꽃이 피면 좋겠다. 우리나라 전통시장에서도 스탬프랠리와 같은 프로그램을 활용하여 지역주민들의 참가를 끌어낸다면, 지역상권 활성화에 이바지할 수 있지 않을까 하는 생각도 하면서.

03 추첨상품권을 받기 위해 줄 서 있는 사람들

유한한 공간을 소중히
— 대기오염 측정실과 동경만 중앙방파제 매립처분장

6월 12일 수요일

🌸 동경만 중앙방파제 매립처분장(東京灣中央防波堤埋立處分場)
견학이 예정되어 있는 날이다. 이케부쿠로역에서 JR선을 타고
하마마츠쵸역(浜松町駅)에서 내려 10여 분을 걸어가니, 견학 투
어를 하는 소형 선박 터미널에 도착한다.

01 도쿄항을 시찰하는 신도쿄마루선

승선을 알리는 관계자의 안내에 따라 배에 올라타니, 내부의 의자와 테이블이 원형으로 배치되어 회의장을 연상케 한다. 아니나 다를까, 잠시 후 가이드의 설명이 가끔 고위인사들이 승선해서 투어도 하면서 회의를 하기도 하여 이렇게 꾸미게 되었다고 하며 소요시간이 한 시간은 족히 걸리니 VIP가 되었다고 생각하고 분위기를 즐기란다.

우리가 승선한 배는 도쿄항을 시찰하는 '신도쿄마루(新東京丸)' 선. 수도권 물자의 원활한 유통을 위해 부두·창고·다리·도로를 정비해서 종합적인 기능을 꾀하는 도쿄항의 역할을 많은 이들에게 알려 주기 위함이라고 한다.

운항 중에는 히노데부두*, 시나가와부두* 등 좌우로 펼쳐지는 여러 부두들이며 중앙방파제 외측 매립지, 완공된 지 얼마 안 된 도쿄게이트브리지* 등에 대한 가이드의 설명이 끝도 없이 이어진다.

점심식사를 끝내고 이동한 곳은 동경만 중앙방파제 매립처분장*. 먼저 비디오 상영을 통해 23구의 쓰레기 및 자원의 흐름에 대한 설명을 한 후 쓰레기의 중간처리, 현 처분장의 처리방식 등에 대한 설명으로 이어지니 쓰레기 중간처리는 23개구가 합의하에 설치한 특별지방공공단체인 청소일부 사무조합(清掃一部 事務組合)*이, 매립처분은 매립처분장을 설치 관리하는 도쿄도에서 담당하고 있다고 한다. 비디오 상영이 끝나자 가이드는 견학자들에게 유한한 공간을 소중히 하여 처분장을 하루라도 더 오래 쓸 수 있게 하자며 가정, 회사, 마을 등 생활 속에서부터 3R(Reduce, Reuse, Recycle)을 실천할 것을 당부했다.

비디오 설명을 끝으로 오늘의 투어 일정이 모두 마무리되니 다이바역(台場駅)까지 견학자들을 태워다 준다. 시설 견학이며 차량제공 등 오늘의 투어에 대한 제반비용이 매우 궁금하여 고바야시 상에게 물어보니, 이 모든 것은 무료로 진행된다고 한다. 많은 사람들이 3R을 생활 속에서 실천할 수 있도록 함으로써 쓰레기양을 줄이기 위한 일종의 의식개혁 차원에서 하는 프로그램이기 때문이라는 설명이다.

02 도쿄만중앙방파제 외측매립지   03 도쿄만중앙방파제 풍력발전소

설명을 듣고 있자니 우리도 어릴 때부터 유한한 자원의 소중함에 대한 교육이 지속적으로 이루어져 우리 후손들이 오래도록 유한한 자원을 향유하면 좋겠다는 생각이 들었다.

✈ 🌲 🏠 🕐 🚲 💡

* 히노데부두(日の出埠頭) : 1925년(大正 14年)에 만들어진 도쿄항에서 가장 오래된 부두시설. 도쿄항 내 크루징의 거점이 되고 있는 히노데 승객 대기소에서 볼 수 있다.

* 시나가와부두(品川埠頭) : 1967년(昭和 42년)에 오픈한 일본 최초 컨테이너 부두. 길이 745m, 수심 10m의 안벽(岸壁)이 있으며 주로 아시아 항로의 소형 컨테이너선이 이용.

* 도쿄게이트브리지(Tokyo Gate Bridge) : 2012년 2월 12일에 개통한 것으로 일반 공모를 거쳐 명칭을 정함. 공룡이 마주보고 있는 듯한 형상에서 공룡다리라고도한다. 국토교통성은 개통에 따른 경제효과를 연간 190억엔으로 추산한다.

* 동경만 중앙방파제 매립처분장 : 도쿄에서 나오는 쓰레기를 최종적으로 매립 처분하는 곳으로 내측매립지, 외측매립지, 신해면 처분장으로 이루어져 있다.

* 청소일부 사무조합(淸掃一部 事務組合) : 쓰레기 공동처리를 위해 지방자치법에 의거 23구의 합의에 따라 설치된 특별지방공공단체로 쓰레기 소각, 파쇄 등 중간처리를 담당한다.

일본의 청소공장

6월 18일 화요일

🌼 캔, 페트병, 종이 등 재활용 처리 공장 세 곳의 견학이 잡혀 있는 날이지만, 고바야시 상과 함께여서 크게 부담이 되지 않는다. 상대방을 푸근하게 하는 인간미 넘치는 매력을 갖고 있는 그녀이기 때문이다.

처음 방문한 공장은 병과 캔 작업장으로, 일일이 사람이 작업대 앞에 서서 병이며 캔을 종류별로 분리한 후, 캔은 압축처리하고 병은 색깔별로 분리하여 재활용 가능한 것과 버릴 것들을 분류했다. 작업환경이 그야말로 3D 수준으로, 잠시 서 있는 동안에도 악취가 진동하니 현장 작업자들의 후각이 둔해지지 않을까 염려가 될 지경이다. 그들의 작업현장을 보고 있자니 우리가 아무 생각 없이 버리는 빈 캔이며 병들을 내용물이라도 깨끗이 비우고 분류만이라도 제대로 하는 것이 그들의 노고를 덜어 줄 수 있겠다는 생각이 들었다.

이어 이동한 곳은 종이를 빈 박스, 신문, 잡지 등으로 분류한 후 압축작업을 하는 곳인데 먼지가 많이 날리고 있어 이 또한 그리 만만한 곳은 아니었다.

01 재활용 처리 공장 분류작업대

마지막으로 이동한 곳은 페트병 처리장! 수거함에 모아진 페트병을 쓸 것과 쓰지 못할 것들로 분리한 후 컨베이어 벨트로 이동시켜 파쇄 작업을 거친 후 라벨이나 뚜껑은 수거하고 파쇄된 페트병 조각들은 따로 모아 공장으로 보내 재활용 화장지나 의류 혹은 페트병으로 재생산한다고 한다. 특히 이곳에서는 집중력이 요구되는 공정에 자폐증 환자를 고용하고 있는 점이 특이한데, 그들의 집중력을 일반인이 따라갈 수 없기 때문이라고 한다. 또 하나 특이한 점은 공장이 주택 단지 내에 위치한 입지적 조건 때문에 인근 주민을 고려하여 공장 문을 모두 닫아둔 채 일을 하고 있었으니 기계 소음으로 인한 난청을 우려하여 모두 귀에 방음마개를 끼고 있다고 한다.

오늘 둘러본 작업장이야말로 주어진 자원을 최대로 활용하기 위한 이들의 부단한 노력을 여실히 절감할 수 있는 현장이었으니 우리도 이들의 철저한 자원재활용 정신을 본받아야겠다는 의지가 다져졌다. 어디 그뿐인가! 현재 내게 주어진 직장이 얼마나 축복받은 것인지, 항상 감사하는 마음으로 더욱 충실을 다해야겠다고 다짐해본다.

6월 19일 수요일

'백문이 불여일견'이라고 했던가! 도시마구 직원들이 이구동성 추천하던 청소공장을 실지로 방문해 보니 그 시설이 실로 대단하다.

동경도 23개 구 중 청소공장이 있는 곳은 21개구인데, 그중에서도 도시마구 청소공장의 굴뚝 높이가 210m로 최고의 높이를 자랑한단다. 높이도 높이지만 숨겨진 이야기가 더 인상 깊으니

01 굴뚝 높이가 210m나 되는 도사마구 청소공장

이유인즉, 공장에서 600m 정도 떨어져 있는 선샤인호텔에 바람결에라도 이곳에서 나온 배기물질이 영향을 끼칠까 염려하여 그보다 높이 건설함으로써 지금의 높이가 되었다는 것이다. 일본다운 사고방식! 주변을 배려하고 민폐를 끼치지 않으려

는 정신이 작용한 게 아닌가 싶다.

지구·지역환경과의 공생, 자원·에너지의 순환, 지역사회와의 공존이라는 3대 콘셉트하에 100여 차례에 달하는 설명회를 거쳐 주민들을 설득한 후 설립된 청소공장.

일일 처리능력은 400톤, 발전능력은 7,800kW로, 음식물 쓰레기까지 소각을 함으로써 쓰레기양을 20분의 1로 줄이고, 최종 소각재는 동경매립최종처분장으로 운반해 매립한다.

내부에는 수영장, 헬스장, 건강검진센터 같은 주민 환원시설을 설치하여 주민들의 찬동을 끌어내는 데 한몫했다고 하는데 현재도 주민과의 지속적인 우호관계를 유지하여 구민으로부터 좋은 반응을 얻고 있다고 한다.

특히 소각 시 나오는 열은 발전을 하는 데 활용하여 청소공장 내부시설에 전력을 공급하고, 남은 것은 전력회사에 판매하는데 무엇보다도 중요하게 여기는 것은 배출 쓰레기양 자체를 줄임으로써 한정된 최종 처분장을 좀 더 오랫동안 사용할 수 있게 하는 것이다.

이곳 역시도 의식개혁 운동의 일환으로, 초등학교 4학년들을 대상으로 한 현장교육을 실시하고, 모든 주민들에게는 3R(Reduce, Reuse, Recycle)운동을 권장하고 있으

02 3R 운동을 홍보하는 모습

니 생활 곳곳에 배어 있는 자원 재활용, 자원 절약 정신을 다시
한번 확인할 수 있는 산 현장이었다.

쓰레기 거리가 장미거리로 재탄생하다

6월 25일 화요일

🌼 '파김치'라는 표현이 제격인 하루다. 버스와 지하철 간 환
승도 되지 않고 주로 전철을 이용해야 되니, 기본적으로 왕복
한 시간 정도는 족히 걸어서 이동한다. 그것도 서류가방 두 개

01 니시이케부쿠로 중학교 태양광 집광판

를 메고서 말이다.

오늘도 다리품을 팔아 방문한 곳은 니시이케부쿠로 중학교. 낡은 기존건물을 헐고 작년에 새로 지었다는 교사(校舍)는 외관도 멋지지만 음악실, 무도장, 체육관, 악기 보관실 등의 시설도 잘 구비되어 있고 녹화사업이며, 태양광 발전 설치, 교사와 교사 사이의 건물에 햇빛이 들도록 한 설계, 빗물을 화장실 물로 사용하는 점 등도 인상적이다. 그런데 왜 여기를 온 걸까 의구심이 드는데 직원이 내 마음을 눈치챈 듯 일본에서는 고등학교는 도의 소관이지만, 소학교, 중학교까지는 구에서 설립·운영한다는 것이다.

특히 구에서 작년에 새로 설립한 이 학교는 녹지 공간이 현저히 부족한 도시마구가 지구 온난화 방지와 CO_2배출량 감소를 위해 주력하는 녹화사업이 모범적으로 잘되어 있어서 안내하였다는 것이다. 주변을 둘러보니 과연 큰 나무들이 가득 심어져 있고 옥상에도 초록빛이 무성한 정원이며 잔디밭이 있어서 아이들의 정서안정에도 한몫할 듯싶었다.

02 니시이케부쿠로 중학교의 빗물 여과장치

쉴 새 없이 이어지는 연수프로그램. 다음 장소인 미나미오오츠카 구민히로바로 이동하니 마찌아루끼* 프로그램이 실시되는 오오츠카는 장미축제로 유명한 곳인데 전차 도덴을 타고 가면 선로 변에 피어 있는 수 백 종의 장미들이 저마다의 자태를 뽐내는 광경을 볼 수 있다. 연수 참가자는 나를 포함해 신규직원 7명인데 안내자의 설명에 따르면 몇 년 전까지만 해도 이곳은 곳곳이 쓰레기더미였다고 한다.

하지만 몇몇 사람이 장미를 조금씩 심기 시작하면서 거리가 아름답게 변모해 가자, 그 모습이 지역의 호응과 행정기관의 도 움을 이끌어, 마침내는 지역 모두의 자랑거리이자 오늘날의 명 소가 되어 지금은 5월이 되면 장미축제가 열려 사진 콘테스트도 개최한다고 한다.

현장을 둘러보고 오니, 연수생들과 지역 주민간에 소통도 더 욱 원활하여 주민 대표가 '주민 스스로가 애착심을 가지고 지역 의 발전을 위해 노력하는 것도 중요하지만 직원들도 지역주민의 제안에 귀 기울이는 자세를 가지면 좋겠다'고 말하자 함께 한 연 수생들이 여기저기서 고개를 끄덕거린다. 꽤 마음 따뜻하게 하 는 신·구세대간의 소통모습이다.

✈ 🌲 🏠 🕐 🚲 💡

* 마찌아루끼(街歩き) : 걸어다니며 마을의 이곳저곳을 익히는 마을 탐방 프로그램.

안전하고 건강한 학교
- 방사선 측정과 텃밭 가꾸기

6월 27일 목요일

계속되는 강행군에 아침부터 정신이 몽롱해 있었더니 하야카와 상이 다가와 아침 일정을 귀띔해 준다. 서둘러 환경과로 가서 방사선 측정을 견학할 초등학교로 발걸음을 옮기는데 가는 도중에 선샤인시티가 나타나자 동행한 직원이 이야기를 들려준다. 선샤인시티 옆에 있는 공원은 예전에 스가모구치소*가 있던 자리로, 전범 사형이 집행되었던 곳이란다.

처형장이었던 것을 감안, 형무소를 헐고 선샤인시티를 지으면서도 이곳은 그대로 남겨 두고 위령비를 세웠다는 것이다. 20여 분 정도 걸어 도착한 오늘의 방문지 호유(朋有)초등학교*. 후

01 중앙공원내 위령비

02 초등학교 방사능 측정모습

쿠시마 원전사고 이후 학부모들의 요구에 따라 초등학교와 보육원에서도 방사능 측정을 주 1회 실시하게 되었다고 한다.

먼저 운동장 한가운데의 지상 5㎝, 지상 1m 높이에서 각각 한 차례씩 측정하더니 운동장 귀퉁이에 있는 모래밭에서도 측정한다. 굳이 두 곳에서 할 필요가 있냐고 하니, 방사선은 속성이 흙이나 모래 등 다른 것에 들러붙는 성질이 있고 쉽게 떨어지지 않는데, 특히 모래에는 더 쉽게 들러붙는 성질이 있어 모래에서도 따로 측정한다는 것이다.

휴대형인 측정기계는 대당 50만 엔 정도 하는데 진동은 기계에 좋지 않은 영향을 미치므로 자전거를 타지 않고 오늘처럼 이렇게 걸어 다니거나 차로 이동한다며 미소를 지어 보이는데 철저한 책임의식에 존경의 염마저 생긴다.

오후 스케줄은 동네 한바퀴를 걸어야 하거늘 하늘에는 온통 뜨거운 햇볕으로 가득하다. 목적지인 가나메쵸*로 이동하니 오늘의 안내자는 안전하고 살기 좋은 마을 만들기 사업을 하는 NPO그룹의 여성멤버 두 분이다.

PTA*회장을 지내면서 지역의 안전을 위해 무엇을 할까 고민하다 지역의 여러 단체장들과 의견을 교환한 끝에 의견일치를 본 학교 작은 텃밭 가꾸기!

운영은 회원들이 자발적으로 돌아가며 오이, 방울토마토 등을 가꿈으로써 아이들을 위한 견학의 장으로도 활용하고 지역에 아름다운 자연환경도 제공함으로써 이곳을 찾는 외부인들에게 편안하고 따뜻한 마을이라는 인상을 심어 주어, 안전한 마을 조성에 기여할 수 있다는 것이다.

'바람도 부는 방향에 따라 결과가 달라질 수 있듯이 엄마들의 치맛바람도 이런 방향으로만 불어 준다면……' 하고 엉뚱한 생각을 해 본다.

✈ 🌲 🏠 🕐 🚲 💡

* 스가모구치소(巢鴨拘置所) : 제2차 세계대전 후 설치된 전범 수용시설로 도쿄도 도시마구 히가시이케부쿠로(東池袋)의 도쿄구치소시설을 접수해서 사용했다. 극동국제군사재판에 의해 사형판결을 받은 도죠히데키(東條英機) 등 7명의 사형이 집행(1948년 12월 23일)된 것으로도 알려져 있다.
* 호유초등학교 : 도시마구 히가시이케부쿠로(東池袋)에 있는 도시마 구립 초등학교.
* 가나메쵸(要町) : 도쿄도 도시마구 행정구획의 하나. 1가에서 3가까지 있음. 2017년 1월 1일 현재, 주민등록표에 의한 인구는 9,478명.
* PTA(Parent-Teacher Association) : 각 학교마다 조직된 학부모와 교직원에 의한 사회 교육 관계 단체이다. 각자가 임의로 가입하는 단체로, 보호자와 교원이 서로 배우고 그 성과를 학생들에게 환원하는 것이다.

chapter 3

일본의 복지와
문화를 체험하다

복지 연수가 시작되다

🌸 7, 8월은 내리 복지 분야 연수인데 다소 걱정이 앞선다. 연수받는 장소가 불편한 것은 물론이거니와 하루 종일 일대일로 마주 앉아 설명을 들어야 하기 때문이다.

그 스케줄이 빡빡하기 이를 데 없으니 오늘은 4개 부서 8명한테 연수를 받았다. 그중 내 관심을 잡아끈 것은 자살예방을 위해 추진 중인 정신건강 사업인데 자살은 주로 40~50대의 젊은 남자들이나 20대의 젊은 여성에게서 나타난다고 한다. 특히 젊은 여성의 경우 이유가 명확히 규명되지 않았지만, 취업의 어려움, 낮은 수입, 가정 내 폭력 등을 원인으로 추정한다며 현재 구청에서 매진 중인 사업이라는 설명이다.

의사이기도 한 오모토 과장님은 연수가 끝나자 일본의 풍습 하나를 들려준다. 일본에서는 개가 다산과 안산(安産)의 상징이라, 戌(개 술)의 날에 신사에 가서 복대를 받아 허리에 매거나 이누하리코*를 임부에게 주면, 건강한 아기를 낳는다는 이야기가 있다는 것이다.

연수도 연수지만 새로운 풍습을 알게 된 것이 더 기쁘기도 하니 연수가 끝나는 그날까지 그 모든 것을 감사하는 마음으로 받아들여야겠다고 다짐해 본다.

01 건강한 아이를 낳게 한다는 이누하리코

✈ 🎄 🏠 🕐 🚲 💡

* 이누하리코(犬張り子) : 완구의 하나. 개가 서 있는 모습의 하리코(대나무나 나무 등으로 짠 틀이나 점토로 만든 거푸집에 종이를 붙여 성형하는 조형 기법) 세공. 어린이의 액막이로, 신사참배와 히나마츠리(여자아이의 건강한 성장을 기원하기 위해 3월 3일 실시하는 연중행사)의 선물로 사용됨.

02 히나마츠리에 놓는 히나 인형들

200여 명이 한자리에, 장애인 4개 시설 교류회

 센가와역에 있는 도시마구 체육관에서 '장애인 4개 시설 교류회'가 열리는 날이다. 도시마구 관내에 있는 장애인 시설 네 곳의 이용자들이 참가하는 일종의 합동 체육행사로, 11시부터 14시까지 진행된다. 사토우 상과 함께 도착한 때는 아직 시작 40여 분 전인데도 200여 명이나 되는 많은 이들이 자리를 잡고 있다. 이곳에서는 보기 드물게 많은 인원이다. 참가자는 장애 정도가 경중에 해당하는 지체부자유자부터 중증인 뇌성마비 이용자들까지, 그 폭이 다양하다. 장애가 다소 가벼운 이들은 음악에 맞추어 몸을 흔드는가 하면, 뇌성마비 이용자들은 휠체어에 앉아 1:1 케어를 받으며 행사가 시작되기를 기다리고 있다.

행사가 시작되자, 사회자의 멘트에 따라 참가자들 중에서 팀별 대표자가 나와 인사말을 한다. 곧이어 몸을 풀기 위한 맨손 체조 순서가 되자, 역시나 참가자들 중에서 희망자를 받아 앞에서 시범을 보일 기회를 제공한다. 이에 많은 이들이 앞다투어 손을 들고 나오기를 주저하지 않는다. 나도 그들과 함께 체조를 한 후 관람석으로 돌아와 경기를 관람하는데, 사토우 상이 부연 설명을 붙여 준다. 장애인 시설에는 24시간 이용하는 시설이 있는가 하면 주간만 이용하는 시설도 있는데, 각 시설에서는 빵을 만들거나 나무젓가락을 봉투에 넣는 등 간단한 작업을 한다고 한다. 이를 통해 사회 일원으로서의 생활을 경험하게 하고, 적게나마 돈을 벌 수 있는 기회를 제공한다는 것이다.

중증 뇌성마비 이용자들에게는 오늘과 같은 행사에 동참하여 활기찬 분위기를 느끼는 것만으로도 그들의 뇌 건강에 도움이 된다고 한다.

장애인들을 돌보는 직원들을 보고 있노라니, 여간한 사명감이 아니면 참으로 쉽지 않은 일이겠다 싶은 생각이 든다. 사토우 상만 해도, 학교 때 봉사활동이 계기가 되어 이 분야 업무에 종사한 지가 20년이 다 되어 간다고 한다. 그들에 대한 존경심과 함께 우리가 건강한 몸과 마음으로 일상생활을 즐길 수 있다는 것이 얼마나 큰 행복인지 다시 한 번 되새기게 되는 순간이다.

'주님, 제게 볼 수 있는 눈, 들을 수 있는 귀, 말할 수 있는 입을 주심에 감사드립니다. 아멘.'

조시가야 전통완구 만들기 체험

2010년에 발족한 '조시가야 스스키 미미즈쿠*(억새부엉이인형) 보존회'에서 주최하는 만들기 체험에 참가하기 위해 호묘지(法明寺)를 찾았다. 강습회는 인형을 만들어본 적이 없는 이들을 대상으로 실시함으로써 제작기법의 계승·발전과 함께 조시가야 지역을 활성화시키기 위한 방안의 하나라고 한다.

전통을 소중히 하는 이들의 국민성에 다시 한번 감동을 하며 스태프의 도움을 받아 가까스로 완성하고 보니, 제법 귀여운 억새 부엉이 인형이 되었다. 끝마치고 오는 길에 조시가야 안내소에 들르니, 일전에는 눈에 띄지 않던 스스키 미미즈쿠가 확 눈에 들어온다. 큰 것과 작은 것 등이 다양하게 비치되어 있는데, 그중에서도 아기를 두 마리나 품고 있는 부엉이는 볼수록 귀엽다. 인형조차도 자식을 품은 어미의 모습은 이리도 아름다운 것이거늘 하물며 사람은 말해 무엇하랴!

✈ 🌲 🏠 🕐 🚲 💡

* <u>스스키 미미즈쿠</u> : 조시가야 전통완구로, 억새 이삭으로 만든 부엉이 인형. 너무 가난해서 약을 살 수 없었던 딸이 기시보진에게 엄마 병이 낫게 해달라고 기도하니, 꿈에 나타나 참억새의 이삭으로 부엉이를 만들어 팔아서 약값을 하라고 알려 주어 그대로 했더니, 부엉이가 날개 돋친 듯 팔려 약을 살 수 있었다고 한다. 이에 일본에서 부엉이는 장사를 번성하게 하는 길조로 알려져 있다.

01 스스키미미즈쿠 완성품

오오츠루 상의 초대
- 일본의 가정집을 방문하다

7월 8일 월요일

항상 바삐 움직이는 오오츠루 상이 일본의 가정집을 구경
시켜 주겠다며, 어머니 집으로 초대하니 깔끔하고 품격 있어 보
이는 맨션이다. 우리로 치면 아파트인데 외관은 아파트와 별반
달라보이지 않으나 문을 열고 들어가니 현관에서 부엌으로 통하
는 복도가 길쭉하게 되어 있어 다소 좁게 느껴지는 구조다. 깔
끔하게 정리 정돈된 거실엔 화분 몇 개가 놓여 분위기를 한층 부
드럽게 해주고 있다. 식탁 위에는 이미 고야도후*며, 샐러드,
유부초밥 등이 차려져 있고 어머니는 연신 우리에게 음식을 권하
시니 그 자상함이 한국 어머
니의 모습과 다를 바 없다.

간만에 맛있는 집밥을 먹
고 일어서려니, 친정에 간
딸을 챙겨 주듯 이것저것
살뜰히 음식까지 챙겨주신
다. 그 정겨운 모습에 문득

01 두부로 만든 고야도후

돌아가신 엄마 생각이 난다. 늦은 나이에 얻었던 막내딸이 안쓰러워 무엇이든 주지 못해 안달하던 엄마 모습이. '엄마'라는 두 글자만 떠올려도 눈가에 이슬이 맺힌다. '엄마'가 이토록 가슴 저미게 그리울 수가 없다. 건강하실 때 "엄마, 사랑해!"라는 말을 너무도 아끼고 살았던 나는 엄마 건강이 나빠지고 나서야 엄마에게 그 말을 들려주고 엄마를 끌어안고 얼마나 울었는지 모른다. 말도 다 때가 있는 법인 것 같다. 특히 좋은 감정의 말들, 좋은 표현의 말들은 아낌없이 퍼 주며 살아야 될 것 같다.

✈ 🌲 🏠 🕐 🚲 💡

* 고야도후(高野豆腐) : 두부를 동결 건조시킨 보존식품. 건조 상태에서는 꽉 조여진 스펀지 상태로 이것을 물에 다시 담가 다시물로 푹 끓이거나 해서 맛을 낸다.

일본의 보육원 ⌂

7월 10일 수요일

🐾 누가 서울보다 도쿄가 덥지 않다고 했던가. 일본의 장마인 쯔유가 걷히면서, 금주 들어서부터 본격적인 무더위가 시작되었다. 바깥으로 발을 내딛는 순간, 콘크리트 열기와 함께 얼굴에서 땀이 자동 배출된다.

오전에 인가보육원*과 인증보육소* 3개 시설 방문이 있어 유라쿠쵸선을 타고 가나메쵸역(要町駅)으로 이동하는데, 시설 모두가 뿔뿔이 흩어져 있어 이동하는 데만 족히 1시간이 걸렸다.

여름인 만큼 모든 보육원에서 아이들을 위한 물놀이 풀장을 오픈하고 있는데, 이곳의 보육원은 공통적으로 간호사가 직원으로 종사하고 있어 아이들의 건강 상태며 이유식 등을 챙기고 있다. 아이들의 식사 또한 모두 손수 만드는 음식으로, 이곳에서도 역시 안심·안전을 염두에 두고 있으니, 이 정도라면 부모님들이 마음 놓고 아이들을 맡길 수 있겠다는 생각이 든다.

최근 도시마구에서는 남자 보육사도 10명을 채용하여 일부 보육원에 배치했다고 하는데 마침 여기에도 두 명이 있다며 우리들에게 소개해 준다. 아무래도 체력조건이 여성보다 우월하다 보니, 혼자서 5세반 아이들 12명을 돌보고 있다고 한다. 점심식사 준비를 위해 테이블이며 방 안을 정리하는 모습이 어찌나 능숙한지, 아빠나 삼촌처럼 든든해 보여 남자보육사에 대한 선입견과 걱정이 말끔히 사라졌다. 요리나 미용 등 소위 여성의 주종목에서 최고의 자리에 있는 사람들을 보면, 남자인 경우를 흔히 볼 수 있다. 조만간 보육 분야에서도 남성들이 최고의 자리에 오르는 일이 점점 많아지겠구나 싶다.

그런데 이곳에서도 보육시설의 절대적 부족은 큰 사회문제로 최근에는 아이를 보육원에 넣기 위해 입소 전형에 유리하도록 취업 조건을 변경하거나 입소 가능한 보육시설 근처로 이사하는 등 눈물겨운 노력을 하는 보호자도 많아져 호카츠(保活)*라는 신조어마저 생겼다고 한다. 보육문제의 해결이야말로 저출산문제를 풀어가는 열쇠가 될 수 있지 않을까 생각해 본다.

✈ 🚍 🏠 🕐 🚲 💡

* 인가보육원 : 아동복지법에 기초한 아동복지시설로 정부가 정한 설치기준(시설의 넓이, 보육사 등의 직원 수, 급식설비, 방재관리, 위생관리 등)을 충족하고 도·도·후·켄(都道府県)지사에게 인가를 받는 시설. 보호자가 일이나 병으로 인해 0세부터 초등학교 취학 전 어린이의 보육이 어려운 경우에 맡아서 보육한다. 0세아 보육의 제약이 없는 보육원도 있으며, 정원이 60명 이상이다. 구·시·정·촌이 보육료를 징수하며, 기본 개소시간은 11시간이다.

* 인증보육소 : 도쿄도의 독자적인 제도. 정부 기준에 따르는 인가보육소는 0세아 보육을 하지 않는 경우가 있거나 설치기준 등이 대도시에서 받아들이기 곤란하거나 하여 도민의 보육 요구에 부응하지 못하는 경우가 있어, 도쿄의 특성에 착안한 기준을 설정하여 다양화하는 보육 니즈에 응할 수 있도록 창설하였다. 0세아 보육은 필수이며 역 앞 설치를 기본으로 하는 A형(정원 20인~120인)과 소규모·가정적 보육소인 B형(정원 6~29인) 두 종류가 있다. 보육소에서 보육료를 자율적으로 설정하며 13시간 이상 의무적으로 열어야 한다.

* 호카츠(保活) : 아이를 보육원에 넣기 위해 부모가 하는 제반 활동을 이르는 말로, 취업 활동을 슈카츠(就活), 결혼 상대를 찾는 활동을 곤카츠(婚活)라고 부르는 것에 이어서 등장한 신조어.

7월 17일 수요일

건강추진과에서 실시하는 '생활 습관병 예방을 위한 건강 검진' 등의 견학이 있는 날이다. 건강검진은 건강보험 대상자인 40세 이상은 제외하고 20세부터 39세까지의 남녀를 대상으로 무료로 실시하는데, 이들은 1년 내에 건강진단을 받을 기회가 없는 사람들이다.

검진내용에는 신장, 체중, 혈압 측정과 함께 소변검사, 체성분 검사, 혈액검사를 통한 혈당 체크, 간기능 검사, 빈혈 및 콜레스테롤 수치 체크 등이 있다. 사전 예약자에 대해서는 간염 검사도 실시해 주는데, 비용은 모두 무료이며 대사증후군 예방을 위한 미니 강좌도 마련 되어 있다.

01 유방암 촉진 모형

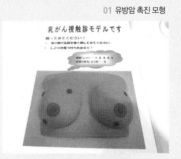

특히 미니강좌의 경우에는 여성과 남성을 별도로 한 맞춤강좌의 성격을 띠고 있어, 여성의 경우

에는 유방암과 자궁암 등에 대한 이야기와 함께 유방암 모형의 촉진체험을 통해 자가진단을 할 수 있도록 도와주고 남성의 경우에는 술, 담배를 자제할 수 있도록 그 폐해에 대해 설명해준다. 한편 강의장 뒤쪽에서는 체지방 검사를 통한 운동처방도 해주어, 스스로 본인의 건강관리를 할 수 있도록 하는 조언도 아끼지 않는다.

끝마무리에는 관내에 있는 구립 스포츠센터와 함께 건강 만들기 사업의 일환으로 추진 중인 '건강 챌린지 대회'에 대한 안내도 곁들여 주니, 건강 챌린지 대회란, 일정 기간 동안 건강관련 강좌나 프로그램 등에 참가하여 400포인트 이상 적립하면 상품 추천 기회를 제공함으로써 어떻게든 주민들이 건강증진 프로그램에 참여할 수 있도록 하기 위함이라 한다. 구민을 위한 지방자치단체장들의 노력은 국적이 따로 없구나 하는 생각이 들어서 나도 모르게 입가에 미소가 감돈다.

마음이 따뜻한 이들, 민생·아동위원 협의회

7월 25일 목요일

조시가야지역 문화창조관에서 다카다지구 '민생·아동위원 협의회*' 견학이 있는 날이다. 각종 배포자료며 회의장 준비를 마치고 나니, 위원들이 한두 명씩 모이기 시작하는데 참가자 대부분이 60세가 넘은 분들이다. 궁금하여 물었더니 '민생·아동위원'은 후생노동성 장관에게 위촉받아 각자의 담당지역에서 생활궁핍자, 고령자, 모자가정, 심신 장애인 등에 대해 상담, 원조 혹은 보호지도를 행하고 관계 행정기관의 다리역할을 하는 사람들로, 최저연령 제한은 없으나 최고연령은 75세까지라고 한다. 이유인 즉, 75세가 넘을 시에는 치매 등의 발병가능성이 있어 활동이 어렵기 때문이라는 것이다.

매월 개최되는 협의회는 직무에 관한 자료나 연수를 받고 위원 상호간에 정보교환을 하는데 도시마구에는 6개의 협의회가 조직되어 있다. 특히 민생위원은 사회복지정신을 가진 사람들이 무료봉사를 하는 것인데, 그래서인지 하나같이 표정들이 밝고 좋은 에너지가 넘쳐 보인다. 회의는 한 명씩 돌아가며 고충이나 특이사항에 대한 이야기를 듣고, 서로 의견을 교환하거나 보고하는 형식으로 진행되었다.

회의가 끝나자, 담당직원이 이번 회의를 끝으로 그만두시는 분들을 모두 앞으로 나오게 하고는 일일이 한 분 한 분의 사진을 찍는다. 무슨 연유인가 궁금하여 물었더니, 3년 주기로 만드는 잡지에 그만두는 분들의 소감문을 싣게 되는데 그때 쓸 사진이라는 대답이다. 이분들에게는 꽤나 중요한 사진이겠구나 싶어 옆에 서서 옷매무새를 도와드렸더니, 상냥하기도 하다면서 손을 잡고 좋아하는 모습이 영락없는 우리네 이웃 할머니 모습이다. 마음 따뜻한 이들, 이웃을 사랑할 줄 아는 이들과 함께해서인지 피곤함조차도 멀리 달아나는 뜻 깊은 시간이었다.

✈ ⚓ 🏠 🕐 🚲 💡

* 민생 · 아동위원 협의회 : 도도후켄(都 · 道 · 府 · 縣)지사가 시 · 정 · 촌 · 장의 의견을 들어 구역별로 조직하는 것으로, 민생위원과 아동위원이 각각 담당구역을 넘어 지역 전체의 복지문제 해결, 조건정비를 목표로 해서 조직적으로 활동해 가는 장이다. '민생위원'은 민생위원법에 의거하여 사회봉사정신을 가지고 늘 주민의 입장에서 상담에 응하고 필요한 원조를 행함으로써 사회복지증진에 힘쓴다. 임기는 3년이며, 무보수로 활동하고, 후생노동성의 위촉을 받는다. 아동위원은 아동복지법에 의거하여 아동이랑 유아, 임산부 등의 보호를 위해 상담이랑 원조 등을 행한다.

춤의 민족 일본의 봉오도리 대회

일본에서는 의외로 오도리(춤)가 대세인 듯하다. 봉오도리*, 아와오도리, 요사코이, 홀라 등 그 종류도 다양하다. 오늘은 그중에서도 시이나마치에서 열리는 봉오도리를 보러 갔다. 대회장은 초등학교 임시교사로 운동장에는 이미 본부석과 함께 먹을거리 부스며 총 쏘아 인형 맞추기 부스 등 놀이용 천막도 대여섯 개가 마련되어 있다.

또한 중앙에는 북을 치는 북대가 설치되어 있어 그 주위를 기모노 차림의 전문 봉오도리 선생님들이 북소리에 맞춰 춤을 추면서 돌면, 일반인들이 사이사이로 들어가 선생님들을 따라 춤을 춘다. 가끔 기모노를 입은 어린이들 손을 잡고 놀러 나온 가족들도 보이니 소운동회를 연상케 하는 아담한 규모의 봉오도리 대회가 나름 정겨워 사람 냄새가 물씬 풍겨진다.

연수라고 참가는 하였으나 딱히 아는 사람도 없어 멀뚱멀뚱 서서 지켜보고 있으려니, 소장님이 다가와서 일본에서는 오봉(양력 8월 15일) 무렵이 되면 마을 곳곳에서 흔히 봉오도리 대회가

열린다고 한다. 특히 오늘 이곳 행사는 장애인에 대한 일반인들의 이해와 배려를 구하고 함께 어우러지는 지역을 만들고자 마을 주민자치회와 심신 장애인 복지센터가 공동으로 개최하였다는 데 의미가 있다고 한다. 다행히 양자 간에 소통이 원활하여 좋은 관계가 유지되고 있다는 설명이다. 함께 어우러지는 사회, 소통하는 사회, 모두가 추구하는 세상이 아니겠는가.

✈ 🎋 🏠 🕐 🚲 💡

* 봉오도리 : 양력 8월 15일 오봉 시기에 돌아가신 분을 공양하기 위한 행사 또는 그 행사에서 추는 춤. 광장의 중앙에 망루를 세우고 그 위에서 선창자가 선창을 하면 참가자는 그 주위를 돌면서 선창에 맞추어 춤을 추는 형식이다. 촌락 사회에서 오락과 마을의 유대를 강화하는 기능을 하며, 여름방학 동안의 큰 행사 중 하나이다.

구민히로바 울타리에 핀 무궁화

🌸 오늘은 '고난제일구민히로바' 견학이 있는 날이다.

도덴을 타고 시설에 도착하니 직원들 소개와 함께 이곳저곳 안내해 주는데, 2층 규모의 아담한 건물이다. 정원에는 잔디가 깔려 있고, 나무들이며 화초며 제법 녹음이 가득하다.

그런데 신기하게도 구민히로바 울타리에 무궁화 한 그루가 심겨져 있다. 직원이 무 궁화를 가리키며 '한국의 나무'라고 말하는데, 어찌하여 무궁화가 이곳에 있을까 신기하면서도 무심히 지나치던 무궁화가 오늘따라 커다랗게 클로즈업되어 내게 다가온다.

시설을 둘러보고 있으려니 건강 체조 수업에 참

01 구민히로바 울타리에 핀 무궁화

02 건강 체조 수업에 참가하신 어르신들

가하려는 어르신들이 한 분 두 분 들어오신다. 매주 수요일에 열리는 강좌로 이곳에서도 가장 인기 있는 프로그램이라 하는데 참가자도 40~50명은 족히 되어 보인다. 잠시 후 넉살 좋은 강사가 들어와 어르신들의 눈높이에 맞춘 스트레칭 위주의 건강 프로그램을 진행하니, 웃음소리가 여기저기서 끊이지 않는다. '그래. 세상만사 건강이 최고지.' 어르신들이 오래도록 건강한 웃음을 웃을 수 있길 기원해본다.

chapter 4

좀 더 건강한
일본을 위해 내딛는
한걸음

8시 15분에 멈춰 버린 히로시마의 시계 🕐

8월 6일 화요일

🐼 업무시작을 알리는 종이 울린 지 30여 분 지났을까. 청내 안내 방송이 흘러나오니 모두들 자리에서 일어난다. 목요일 조례시간도 아닌데 무슨 일인가 의아해하는 나에게 야마카와 상이 조심스레 말을 건넨다. 오늘이 히로시마에 원폭이 투하된 날이라 돌아가신 분들의 넋을 기리고자 1분간 묵념의 시간을 갖는다는 것이다. 모두들 숙연한 분위기다.

자리에서 일어나 함께 묵념을 하는데, 짧은 시간 동안 온갖 생각들이 머리를 스치고 지나간다. 한국과 일본 간에 희비가 교차하는 8월이다. 우리가 광복의 기쁨에 들떠 거리로 쏟아져 나왔다면, 여기 일본에서는 패전의 아픔 이전에 피폭으로 인해 고통받는 수많은 이름 모를 이들이 있었던 것이다. 하야카와 상이 들려주는 이야기에 따르면, 해마다 8월 6일이 되면 히로시마에서 위령식이 열려 구장·구의장·총무과장이 참석하러 간다고 한다.

01 8시 15분에 멈춰버린 히로시마의 시계와 참상

　이런저런 이야기를 나누며 구청 민원실을 지나오려니, 마침
중앙로비에 히로시마 원폭 관련 사진들이 게시되어 있다. 8시
15분에 멈춰 버린 히로시마의 시계, 11시 2분에 멈춰 버린 나가
사키의 시계, 잿더미로 변해 버린 건물들. 그날의 참상을 보여
주는 사진들이다. 하야카와 상에 따르면, 전년도까지는 사람들
의 피해사진도 게시했었지만 그 상황이 너무도 참담해서 올해는
게시하지 않았다고 하는데 당일 원폭투하로 7만 명이 사망하고
반경 1.6㎞에 이르는 모든 생명체가 파괴되었다고 한다. 이에
도시마구는 동경도 23개 구 중에서 처음으로 비핵도시선언*에
가입했다고 알려 준다.
　이야기를 듣고 있자니, 참으로 마음이 아프다. 전쟁이야 권력

층이 관련되어 있는 것이지, 일반 서민들이 무슨 죄가 있단 말인가. 힘없는 어린 백성들만 희생양이 된 것이 아닌가. 먼 훗날을 생각해서 좀 더 좋은 방법은 없었을까 하는 안타까운 생각이 든다.

명암이 극명하게 엇갈리는 하루 일정을 마치고 집에 돌아와 TV를 켜니, 마침 영화 〈히로시마〉* 이야기가 나오는데, 그 당시 출연했던 한 할머니의 인터뷰 장면이 나온다. 원폭 당시에 2살이었던 할머니는 영화에도 출연했지만 너무나 참혹해서 본인이 출연한 영화를 끝까지 본 적이 없다며, 60여 년이 훌쩍 지난 지금에도 '끝까지 볼 수 있을까' 하는 두려운 마음을 안은 채 관람하였다며 눈물을 훔친다.

나야 정치에는 문외한이지만, 정치하는 이들이 그리고 나라를 다스리는 이들이 좀 더 거시적인 안목에서 국민 하나하나를 내 가족같이 여기는 심정으로 하루하루를 이끌어 간다면, 세계가 모두 함께 잘 살 수 있지 않을까 하는 생각을 해 본다.

✈ 🌲 🏠 🕐 🚲 💡

* 비핵도시선언 : 핵병기의 근절과 세계평화의 실현을 희망하는 많은 구민이 구의회에 제출한 '비핵도시선언에 관한 청원'이 만장일치로 채택되고 아울러 '비핵도시선언에 관한 결의'가 의결됨에 따라 도시마구가 채택한 선언.
* 영화 〈히로시마〉 : 전국 교직원 50만 명이 출자하고 평화를 바라는 약 9만 명의 히로시마 시민이 참가해서 원폭이 투하된 그날을 정확히 재현하는 데

에 주안을 두고 제작한 영화로, 1955년 제5회 베를린 국제 영화제 장편 영화상을 수상했다. 영화 내용은 히로시마의 한 고교 교실에서 백혈병으로 여학생이 쓰러진다. 원폭증상 후유장애를 두려워하며 지내는 주인공 여학생과 정신적으로 왜곡된 남학생 등 학생들의 모습을 그리고 있는데, 주인공 여학생이 원폭이 투하된 1945년 8월 6일 아침 8시 15분부터의 일을 떠올리며 이야기가 이어진다.

8월 8일 목요일

🐱 고마고메 지역 복지사업소 및 생활 실습소 견학이 있는 날
이다.

 '복지사업소'는 만 18세 이상으로 취직이 곤란한 장애인들에게
취직 지원 외에 작업 활동, 사회활동, 건강관리의 지원 등을 제
공하는 통소(通所)시설을 말하며, '생활실습소'는 만18세 이상의
장애인이 건강한 지역생활을 계속할 수 있도록 간단한 작업 활
동, 창작활동, 재활활동, 사회활동 외에 건강관리 지원 등을 제
공하는 통소시설이다.

 장애의 경중에 따라 본인에게 적합한 일거리를 제공하고 있다
고 하는데, 인근식당에서 의뢰받은 나무젓가락 봉투 투입 작업
이나 구슬 꿰기, 가죽 줄 마모작업, 매듭작업 등 일거리의 종류
가 제법 다양하다. 비록 큰일은 아니지만 스스로 했다는 성취감
과 함께 용돈벌이가 되는 일이라고 한다.

 작업자들 옆에는 직원이 한 명씩 붙어서 도와주고 있는데, 모
두 20대로 보이는 젊은 직원들이다. 쉽지 않아 보이는 일일텐

데 진지하면서도 밝은 표정으로 장애인과 함께 작업을 하는 모습이 인상적이어서 사토우 상에게 의외의 모습이라고 하니, 다들 좋아서 하는 일이라고 한다. 옆방으로 이동하니, 그곳에서는 비교적 장애가 가벼운 사람들이 자전거 수리 등의 작업을 하고 있다. 이들은 취업준비를 위한 매너를 익히는 중이라고 하는데, 작업장 한쪽 벽면에는 시간별 일과까지 적혀 있다.

사업소와 실습소를 거쳐 안내받은 곳은 지하갤러리. 복도 양쪽으로 구 대회 수상경력이 있는 자폐 장애인이 색연필로 그린 그림 20여 점이 전시되어 있는데, 문외한인 나로서는 숨은 뜻까지야 모르겠지만 그럴듯하니 근사해 보인다. 그림은 보통 화가의 아버지가 보여 주는 사진들을 보거나 도감 등을 보고 본인에게 떠오르는 이미지를 그리는 것이라고 하는데, 작품을 시작하면 24시간 내내 식사도 하지 않고 잠도 자지 않고 그림에 집중한다고 한다. 설명을 듣고 있으니 뭔지 모를 애틋한 마음이 밀려와 사진을 몇 컷 담아보았다.

이어 법인에서 운영하는 상점가 내 카페로 이동하는 중에 곳곳에 전시된 그림들을 만나게 되니 지역 활성화 및 문화의 거리 조성이라는 차원에서 추진되는 사업이라고 한다. 대부분 그림들은 가게 앞에 전시되어 있어, 날씨가 궂거나 어두워지면 가게 주인이 관리해 준다고 한다. 가게 주인의 이해와 협조 없이는 불가능한 것이지만 동참하는 가게도 늘어나고 있어, 일전에는 상점가 문화 거리 콘테스트에서 우수상도 수상했다고 한다.

마침 오늘은 목요일로, 전시된 그림들을 손질하는 날이라며 관리 담당 장애인 한 분이 직원과 함께 먼지 닦는 일에 열심이다. 사소한 일이지만 장애인 분들을 사회의 일원으로 품으려는 노력이 엿보여 마음 흐뭇하다.

메지로 장애인시설 활동 견학 🕐

8월 13일 화요일

🌸 메지로* 장애인시설 활동 견학을 위해 시이나마치역에 도착하니 기다렸다는 듯이 찌는 듯한 날씨가 우리를 반긴다. 목적지에 도착하니 장애인 센터 중에서는 규모가 큰 곳이라고 하는데 고마고메 사업소와 다른 점이라면, 빵 굽기 사업이 없다는 것과 규모면에서 한층 앞서 있다는 점이다.

이곳 역시 이용자들의 장애 경중에 따라 작업이 배분되어 있고 시설 청소를 순번제로 운영함으로써 청소활동에 참가할 수 있게 하는 등, 이용자들의 활동을 조금이라도 끌어내도록 배려하고 있다. 또한 병설 운영 중인 심신장애인 복지센터에서는 거동이 불편한 이들을 위해 집으로 돌아가서도 자립 활동이 가능하도록 최장 1년 반에 걸쳐 화장실이며 욕조의 이용절차, 방법 등을 훈련시키고 있다. 그뿐 아니라 실습용 싱크대도 설치해 두어, 휠체어 이용자들이 직접 높낮이를 조절하는 등 직접 사용해 보고 본인에게 맞는 높이를 찾아 가정에서 활용할 수 있도록 하고 있다. 또한 이용자들의 다소 뒤처진 지적 상황을 감안하여,

01 판서한 내용을 프린트할 수 있는 장애인용 칠판　　02 장애인 실습용 싱크대

칠판에 된 판서를 바로 프린트로 출력하여 볼 수 있게 함으로써
듣기에 집중하고 나중에 종이자료를 활용할 수 있게 한 것은 인
상적이었다.

　특히 1년 반의 훈련 기간 동안 회복이 많이 되어 30분 걸리는
거리에도 불구하고, 휠체어를 타고 와 작업을 하고 가시는 분이
계셨으니, 세상에 얼마나 감사하고 감사할 일들이 많은데, 너무
익숙해져 그것을 잊고 지내는 나의 모습, 우리들의 모습에 안타
까운 마음마저 든다. '들을 수가 있어서, 만질 수가 있어서, 걸
을 수가 있어서 정말 행복한 것이거늘' 장애인 시설을 둘러보고
나오는 내 마음에 감사의 물결이 몰려온다.

　그러고 보니, 오늘이 한국어 A클래스 마지막 수업이 있는 날
이다. 전문 강사가 아니라 서툴긴 했지만 다름 아닌 일본 사람
들에게 우리의 위대한 과학적인 글자, 한글을 가르쳐 보는 기회
를 가졌으니, 얼마나 자랑스럽고 감사한 일인지 모른다.

　이번 주에는 추석에 해당하는 오봉(お盆)이 있는 관계로 모든
인원이 참석하지는 못했지만, 마지막 수업이다 보니 조금이라

도 더 전해 주고 싶은 욕심이 생겨 정해진 시간을 훌쩍 넘겨 버렸다. 집으로 돌아오니 가슴에 구멍이라도 뻥 뚫린 듯 마음 허전함은 그간의 보람이 제법 컸다는 반증이리라.

✈ ☘ ⌂ 🕐 🚲 💡

* 메지로(目白) : 도쿄도 도시마구 행정구획의 하나. 1가에서 5가까지 있다. 2017년 1월 1일 현재, 주민등록표에 의한 인구는 14,021명이다.

고령자 종합상담센터에서 엄마를 그리며 🕐

8월 14일 수요일

🐼 히가시나가사키역(東長崎駅)에서 그리 멀지 않은 '아트리에 마을 고령자 종합상담센터'에서 견학이 있는 날이다. 우리로 치면 노인요양시설에 해당하는데, 견학의 주된 내용은 개호보험 유효기간이 종료되는 이용자들에 대해 향후 개호급수를 책정하기 위한 현재의 상태를 재조사하는 것이다. 대상자는 4명. 한 분은 치매 증세가 있는 분이고, 나머지 세 분은 거동이 자유롭지 못한 분들이다.

육안으로도 개호대상임에 틀림없어 보이지만, 조사원은 70개가 넘는 항목에 대해 빠짐없이 질문하고 신체의 움직임 상태를 체크한다. 이용자들의 상태로 보아 쉽게 답변이 나오기도 어려운 상황이지만, 이용자를 대하는 태도에 있어서도 조심스럽고 상냥하게 예를 갖추는 모습이 한결같다. 몇 번이고 반복되는 동일한 질문으로 인해 짜증날 법도 하건만, 그 정성스러움이 보는 이로 하여금 감동을 불러일으킬 지경이다. 체크 리스트에 의해 이용자들을 직접 체크한 후에는 사무실로 돌아와 다시 한 번 직원과 전체 체크 리스트를 재점검한다. 어찌나 빈틈없이 철저하게 확인하는지 팥으로 메주를 쑨대도 곧이들을 것 같다.

이용자들을 둘러보고 있자니, 돌아가시기 전에 한동안 요양병원에 계셨던 엄마의 모습이 뇌리를 스치고 지나간다. 그때 엄마를 보면서 이렇게 사는 것이 과연 무슨 의미가 있을까 하는 생각과 함께 삶의 질에 관해서 생각했었는데, 다시금 그 생각이 고개를 치든다. 인명이 사람의 뜻대로 되는 것은 아니더라도 마지막 순간까지 최상의 삶의 질을 위해 부단히 자기관리를 위한 노력을 해야 되지 않을까 싶다.

지금도 그때를 생각하면 엄마에게 죄송한 마음이 들면서, 엄마와 얽힌 이런저런 추억들이 주마등처럼 내 머릿속을 헤치고 지나간다. '엄마'라는 단어가 주는 위력은 대단하다. 엄마가 돌아가신 지도 수년이 지나고, 나 또한 이제 수적으로는 인생의 정점을 찍고 있다고 할 수 있건만 아직도 '엄마'라는 말만 떠올리면 눈가에 금세 맺혀 버리는 눈물을 어찌할 수가 없다.

"엄마, 사랑해요."라는 말을 평소에는 어찌 그리도 못하고 살았는지, 이제부터라도 주변에 있는 이들에게 '사랑해' 같은 따뜻한 말은 아낌없이 퍼주고 살아야 할 것 같다. 세월이 지나 또다시 후회하지 않도록…….

모처럼만에 여유를 즐기다 🕐
- 동경역에서 신주쿠까지

8월 17일 토요일

😊 일본에 온 지도 어느새 절반이 지나갔건만 **빡빡한** 연수와 한국어 교실 운영 등으로 인해 일본을 둘러볼 시간적 여유를 갖지 못하니 돌아갈 시간이 다가오는 요즘은 초조한 마음마저 든다.

무작정 집을 나서 유라쿠쵸역(有楽町駅)으로 가서 백화점부터 들렀다. 발이 워낙 작은 나인지라 일본에 오면 꼭 신발매장을 들러보리라 생각했던 것이다.

마음에 드는 신발을 하나 골라들고 이리저리 둘러보다 들어간 곳은 소니 빌딩. 1,2층에 설치된 소형 수족관을 지나 올라간 4층에는 이어폰 등 각종 소니 제품들이 전시되어 있고 엘리베이터로 이동한 8층에는 'OPUS'라고 하는 4K theater가 있다. 내가 방문했을 때는 마침 4K 기술을 활용한 소니의 카메라로 오키나와 해저의 풍광을 상영해 주고 있었는데, 섬 전체가 국립공원으로 지정되어 있다는 다케토미지마(竹富島)*의 경치는 일본최후의 비경이라고 불릴 만한 아름다움과 함께 풍부한 볼거리를 간직하고 있었다.

오키나와 해저를 보며 잠시 찌는 듯한 더위를 식힌 후, 소니 빌딩을 나와 사방을 둘러보니 대각선 방향에 귀에 익숙한 아사히신문(朝日新聞) 건물이 보이는데, 본사는 아니란다. 길을 건너 동경역 쪽으로 다시 발길을 돌리니 이곳과는 어울리지 않아 보이는 아름다운 서양식 건축물이 눈에 띈다. 팻말을 들여다보니, '미츠비시이치고우칸 미술관(三菱一号館美術館)'이라고 적혀 있다.

직원에 따르면, 부동산 대기업인 ㈜미츠비시지쇼(三菱地所)가 운영하는 기업박물관으로 동경 치요다구(千代田区) 마루노우치(丸の内) 최초의 서양식 건축물이라고 한다. 안을 잠시 둘러보니, 입장료를 내고 들어가는 전시실을 중심으로 왼쪽으로는 소규모 무료 전시실이 있어, 에도시대의 그림이며 엽서 등을 전시·판매하고 있다.

다시 발걸음을 옮기다 시간을 들여다보니 4시 반, 황거정원을 보기로 했다.

도쿄역 정면에서 바라보이는 황거 정원. 입구 경비는 경시청에서 담당하고 있는데, 마침 근무 중인 직원이 눈에 띄어 황거 내부를 볼 수 있는지

01 미츠비시이치고우칸 미술관

02 황거정원 해자

물었더니, 출입 시간이 마감되어 외부만 볼 수 있다고 한다. 아쉬운 마음을 뒤로하고 황거 외곽을 따라 걷고 있으려니, 주변으로 파놓은 해자에 망루 그림자가 비쳐 무척이나 평화로운 모습이다. 황거 앞쪽으로는 아름다운 숲이 널리 펼쳐져 있어 35도를 넘나드는 뜨거운 햇볕에도 불구하고 인도를 따라 조깅을 하는 사람들의 모습이 심심치 않게 눈에 띈다.

걷다보니 어느새 황거 끝부분, 나라의 중요 행사가 있을 때 황제가 주로 이용한다는 다리 근처에까지 이르렀다. 근무 중이던 경비 직원에게 황거 내부에 들어가지 못해 아쉽다고 했더니, 몇 마디 이야기를 전해 준다. 망루가 원래는 25개 정도 있었는데 관동대지진* 등 큰 지진으로 인해 이제는 5개 정도만 남았다며, 성벽 중 돌 색깔이 다른 부분은 2011년 3·11 지진으로 무너져 내린 곳을 보수한 것이라고 한다. 온종일을 걸었더니 온 몸의 진액이 다 빠져나가는 기분이다. 신오오쿠보(新大久保)로 가서 여름 보양식 삼계탕을 뚝딱 한 그릇 비우고 나니, 없던 힘도 불끈불끈 솟아난다. 역시 우리 것은 좋은 것이여!

✈ 🚄 🏠 🕐 🚲 💡

* 다케토미지마(竹富島) : 오키나와현 야에야마제도(八重山諸島)에 있는 섬으로 2016년 7월말 기준 인구가 365명에 불과한 작은 섬이다. 마을 전체가 '붉은 기와의 목조 민가에 도로에는 흰 모래가 뿌려진' 오키나와 고래의 모습을 간직하고 있다.

* 관동대지진(関東大震災) : 1923년 9월 1일 가나가와현(神奈川県) 서부를 진원으로 발생한 진도 7.9의 지진. 가나가와현, 도쿄부를 중심으로 치바현(千葉県), 이바라키현(茨城県)에서 시즈오카현(静岡県) 동부까지의 내륙과 연안에 걸치는 광범한 지역에 극심한 피해를 가져와 일본 재해 사상 최대의 피해를 주었다고 함.

🐾 오늘도 점 하나를 찍으리라 다짐하고 서둘러 향한 곳은 도쿄도청 소재지로 도쿄를 대표하는 번화가인 신주쿠.

우리나라의 강남처럼 비즈니스, 쇼핑의 중심지이자 교통의 요지인 이곳은 외국인들도 즐겨 찾는 곳으로 오다큐 백화점(小田急v百貨店), 게이오 백화점(京王百貨店), 이세탄 백화점(伊勢丹百貨店), 마루이 백화점 등 많은 백화점이 밀집되어 있다. 나온 김에 백화점에 들러 역시나 구두매장으로 이동했으나 맞는 사이즈 찾기는 실패하고 가 볼 만한 곳을 추천받으니 일본의 문화를 엿볼 수 있는 곳이라며 스에히로테이(末廣亭)를 알려 주는데 이세탄백화점에서 그리 멀지 않은 곳에 위치하고 있다. 어떤 곳인지 감이 오지 않아 매표직원에게 물으니, '요세(寄席)'*라고 한다. 설명을 들어도 도무지 몰라 하는 나에게 문을 살짝 열어 보게 해준 공연장에는 무대에 배우가 한 명 앉아 관객들에게 이야기를 들려주고 있다. 특히 이곳은 빌딩화해 가는 요세의 풍조를 멀리하고 에도시대 이래의 전통을 중시해서, 그 분위기를 현대에까지 이어 가고자 한단다.

01 신주쿠에 있는 요세, 스에히로테이

　건물 전면 위쪽에는 출연진들의 이름이 빼곡히 적혀 있는데, 10일 간격으로 출연진을 교체하고 있고 연중무휴로 운영되며, 달이 큰 31일은 '요이치카이(余一会)'라고 해서 평소와는 다른 특별 기획 공연을 하는데 예약은 받지 않는다. 일본의 전통 문화에 관심이 있는 사람이라면 한 번쯤 들러봄 직한 곳으로 보인다. 이런저런 질문을 하는 나에게 "우리는 굳이 외국인들에게 구경 오라고 하지 않는다. 극이 일본어로 진행되는 만큼 일본어에 능통해서 관심이 있는 사람들이 오면 족하다."고 말하는 관리자에게서는 전통을 이어 가는 것에 대한 대단한 자부심을 느낄 수 있었다. 이 순간 '우리 것이 소중한 것이여'하는 광고문구가 떠오르는 것은 너무도 당연한 일이리라.

＋ ✚ ⌂ ⏰ 🚲 💡

* 요세(寄席) : 사람을 모아 돈을 받고 재담·만담·야담 등을 들려주는 대중 연예물 공연장.

미래 일본의 저력 🕐
— 고도모 스킵과 청소년센터

8월 21일 수요일

🐼 오늘은 고도모 스킵과 청소년센터 두 곳을 보기로 되어 있는 날이다.

고도모 스킵은 가정 내에 개호를 필요로 하는 가족구성원이 있거나 엄마가 직장 생활을 하는 등 여러 이유로 아이를 보살펴 줄 수 없는 낮 시간에 아이를 돌보아 주는 시설이다. 아이들은 월 이용료를 내고 서클활동을 하거나, 무료로 단순히 시설만 이용하는 두 경우로 나뉜다. 서클활동의 경우에는 서클활동의 이로움도 있지만, 그 외에도 시설 직원이 아이들 출석을 확인할 때나 아이들 활동 시에 건강상태도 체크해 주는 등 관심을 가져 준다는 이로움이 있다.

출석체크가 끝나면 여기저기 흩어져서 책을 읽거나, 놀이를 하거나 한다. 마침 내가 도착했을 때는 남자아이 하나가 할아버지 아르바이트 선생님과 진지하게 장기를 두고 있었는데 손자와 할아버지처럼 친근한 모습에서 세대 간 교류가 저절로 될 것만 같았다.

고도모 스킵을 나와 찾아간 곳은 청소년 센터. 방과 후에 18세 미만의 관내 중고생이 이용하는 곳으로 학생들은 이곳에 나와 스튜디오에서 음악 활동을 하거나 탁구, 농구 등 스포츠를 즐기기도 하고 혹은 친구와 함께 이야기를 나누고 정보를 교환하며 자원봉사 활동 등을 한다고 한다.

우리가 방문했을 때는 마침 학생들의 운영위원회인 JLP(Jump Live Party)가 '점프 섬머 페스티벌'을 기획하여 개최하는 날이었다. 자신들이 주체가 되어 공연은 물론 직접 만든 호르몬야끼, 솜사탕, 바나나꽂이, 빙수 등 다양한 음식들을 마련한 먹을거리 코너까지 운영하고 있다.

특히 3층 판매장 입구에는 재해지역 주민들을 돕기 위한 모금함을 만들어 놓고, 방문하는 어른들에게 "모금이요!", "모금이요!" 하면서 동참을 호소하는 모습이 대견스럽기까지 하다. 기획부터 실행까지 모든 것을 직접 내 손으로 해내는 아이들의 모습은 분명 미래 일본의 저력이리라.

구마가이 모리카즈 미술관 🕐

8월 22일 목요일

👤 시이나마치역 인근에 있는 구마가이 모리카즈(熊谷守一)미술관*.

　구립미술관인 본 건물은 3층짜리의 아담한 규모로, 1층에는 카페와 함께 아기자기한 미술품들이 전시되어 있고, 2층에는 그림들이 전시되어 일반 미술관 기능으로 활용되고 있다.

　오늘의 행사장은 3층. 자폐 장애인의 그림들을 전시함으로써, 지역주민들의 장애인에 대한 이해를 높이는 데에 기여를 하고자 한다. 이번 전시회의 주인공은 자폐 장애가 있는 구보상으로 도시마구 장애인미술전을 비롯하여 여러 차례 수상 경력이 있는 화가이다. 신선한 색의 사용으로 그려진 가로수와 사람, 동물 등 20여 점의 작품은 그림이 살아 있는 듯한 매력으로 넘쳐나고, 창의성으로 가득하다.

　작가는 외국도 자주 여행하는 듯 독일, 한국 등 여러 나라에서 인상 깊었던 것을 그림으로 표현하고 있다. 그 중에서도 인상적인 것은 한국에서 본 것이라며 지면 가득 채워 놓은 불상이

었는데, 작가의 여느 그림과는 판이하게 달라 작가가 받은 인상
이 얼마나 큰지를 느끼게 한다.

각각의 그림에는 제목과 함께 짧은 코멘트도 적혀 있는데, 작
가의 어머니가 작가에게서 들은 이야기를 바탕으로 붙인 것이
라고 한다. 짤막하게 붙여진 코멘트를 읽으면 그림에는 문외한
인 내가 봐도 이해가 될 만큼, 작가의 순수한 마음과 함께 자폐
증을 지닌 자녀를 이 정도로 키워 낸 그 어머니의 숨
은 노력이 느껴져서 마음이 애틋해진다. 여자는 약
하나 어머니는 위대하다고 했던가. 참으로 위대
한 어머니의 힘이다.

01 장애인이 그린 한국 불상

✈ 🌲 🏠 🕐 🚲 💡

* 구마가이 모리카즈(熊谷守一, 1880~1977) : 일본의 화가. 일본 미술사
에 있어 야수파 화가로 평가받고 있다. 작풍이 점차 심플해져 만년에는 추
상화에 근접했다. 부유층 출신이나 극도의 예술가 기질로 궁핍한 생활을 영
위했다. 미술가 단체 '二科會'가 개최하는 전람회에 지속적으로 출품하여
'화단의 선인'으로 불린다.
* 구마가이 모리카즈 미술관 : 구마가이 모리카즈가 45년간 살던 도시마구
치하야의 옛 주택 자리에 그의 둘째 딸이 아버지의 작품을 상설로 볼 수 있
는 개인 미술관을 개관하였다. 아버지의 작품을 오래도록 이곳에서 볼 수
있게 하고자 153점의 작품을 도시마구에 기증하여 2007년에 구립으로 설
립되었다.

한데 어울려 춤을, 아와오도리 축제 🕐

8월 24일 토요일

🌸 오오츠카(大塚)에서 아와오도리(阿波踊り)* 축제가 개최되는 날이다. 매년 8월 하순에 개최되는 아와오도리에는 15개 내외의 팀에 1,000여 명의 무용수가 참가해서 거리는 이들의 열기로 뜨거워진다고 한다. 춤사위는 비교적 간단한 동작이 반복적으로 이어져 어려워 보이지 않는다.

집합장소인 중학교에 도착해 축제 의상인 유카타*를 챙겨입는데 입는 과정이 여간 복잡한 게 아니다. 게다가 챙길 종류마저 속저고리, 치마에다 허리띠도 가는 것, 넓은 것 해서 여러 종류이고 밀짚으로 짠 모자

01 아와오도리 춤사위

까지 다양하여 자격 소지자의 도움을 받아야만 했으니 사십여 명 전원이 의상을 갖춰 입기까지 족히 세 시간은 걸렸나 보다.

복장을 챙기고 기념사진을 촬영한 후 힘찬 구호를 외치고 마츠리 개최장소로 이동하니 현장에는 이미 화려한 복장과 메이크업으로 단장한 참가팀들로 분위기가 고조되어 있는데, 그중에서도 유독 눈에 띄는 것은 화장을 하고 유카타를 차려 입은 귀여운 보육원 어린이팀이다.

차량출입이 통제된 도로 양쪽으로는 구경꾼들로 발 디딜 틈이 없고, 축제에 빠질 수 없는 포장마차도 먹을거리로 분위기를 북돋아 준다. 아이들 손을 이끌고 나온 사람, 친구들과 삼삼오오 모여 앉은 사람들, 젊은 연인들 하며 외국인 관광객들의 모습도 심심치 않게 눈에 띈다.

개막을 알리는 사회자의 멘트에 따라 참가팀들은 그동안 갈고 닦은 실력을 뽐내기에 여념이 없다. 관객들을 향해 익살스러운 표정으로 관객서비스를 하는가 하면, 따로 혹은 같이 춤사위를 하며 전진하는 무용수들의 뒤로는 이들의 춤사위가 빛날 수 있도록, 징이며 북이며 샤미센 등을 연주하는 악사들이 따르고 있다.

아와오도리의 발상지는 원래 시코쿠(四国)지방 도쿠시마현(德島県)으로, 오도리의 종류는 퍼레이드처럼 앞으로 전진해 가는 나가시오도리와 씨름판처럼 일정지역 원안에서 행해지는 와오도리 두 가지로 나뉘는데 오늘은 나가시오도리 3회, 와오도리 1회로 진행되고, 피날레는 모든 참가자들이 함께 어울려 마음껏 춤을 추는 무대로 이루어진다.

특히 남자 무용수는 밑창에 고무를 댄 버선처럼 보이는 무용 신발 다비(足袋)*를 신어서 발이 편안해 보이지만, 여자 무용수들은 게다를 신고 세 시간이 넘는 시간 동안 춤사위를 하는 것이 마냥 신기하기만 하다. 나는 남자용 낮은 게다를 신었음에도 발가락이 아프고 불편해서 종내에는 다비로 바꿔 신었는데 말이다. 어디 그뿐인가. 세 바퀴를 돌고 나니 다리가 너무 아파 아무 데나 주저앉고 싶은 생각뿐이다.

그 와중에 하늘에선 갑자기 굵은 빗방울까지 떨어지기 시작하나 그래도 메인 무대를 볼 수 있어 다행스러운 하루다.

✈ 🌲 🏠 🕐 🚲 💡

* 아와오도리 : 도쿠시마현(德島県)을 발상지로 하며 약 400년의 역사를 갖고 있는 일본 3대 봉오도리의 하나. 최근에는 전국 각지에서 이루어지고 있는데 도쿠시마현 아와오도리는 국내 최대규모로 가장 유명하며 시코쿠 3대 축제로 꼽힌다.
* 유카타(浴衣) : 기모노의 일종이나 목욕을 한 뒤 또는 여름철에 맨살 위에 입는 약식 복장으로, 일반 기모노와는 달리 기모노 속옷을 착용하지 않는다.
* 다비(足袋) : 일본의 전통적인 신발. 고하제(小鉤)라고 하는 특유의 잠금쇠로 고정한다. 발가락이 엄지와 다른 발가락 부분의 2개로 나뉘어져 있다.

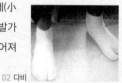
02 다비

아름다운 자연에 피곤도 잊다 🕐
─ 후지산과 오시노핫카이 사전답사

8월 30일 금요일

🌼 9월 말 동대문구 대표단 방문에 즈음하여 후지산과 하코네 사전답사를 가는 날이다. 소풍 가는 어린애마냥 마음이 들떠 밤잠을 설치고는 일찌감치 계란을 준비했다.

직원들을 만나 계란 한 봉지씩을 나눠 주니, 뜻하지 않은 먹을거리에 무척 좋아한다. 넝날아 기분이 좋아져 추석이나 설 명

01 후지산 고고메 휴게실

절 때면 차례 음식을 만들어 이웃 간에 나눠 먹는, 콩 한 쪽만 있어도 나누는 아름다운 우리네 풍습을 들려주었다.

한참을 달려 후지산 초입에 다다르자 스바루라인*을 따라 후지산으로 들어가는 길 좌우로 나무가 무성하여 참으로 아름다운데, 갑자기 어디선가 음악소리가 들려온다. 무슨 소린가 의아해하니, 기사님 왈, "시속 50㎞로 달리면 노면에서 후지산 노래가 흘러나온다."고 한다. 기사님이 깜짝 서비스를 한 것이다.

그렇게 스바루 라인을 따라 30여 분쯤 달렸을까. 드디어 해발 2,305m 후지산 고고메(五合目)에 도착했다.

활화산인 후지산의 경계레벨은 최저 1단계에서 최고 5단계로 구분되며, 현재 상태는 그중 레벨 1에 해당하는데 이는 화산활동은 정지되고, 화산활동 상황에 따라 화구 안에서 화산재 분출 등이 보이는 상태라고 한다.

그럼에도 모든 이용객에게 만일의 경우에 대비한 '후지산 화산가이드 맵'을 배부하고 있고, 기상청 및 후지산 화산방재협의회에서도 '후지산 분화경계레벨' 및 '후지산 화산 방재맵'을 운영하는 등 후지산의 상황에 대한 감시의 끈을 늦추지 않고 있다.

레벨이야 어찌됐든 여기저기서 삼삼오오 모여 셔터 누르기에 바쁜데 다른 한쪽에서는 이미 후지산 관광을 마치고 돌아가는 일행도 보인다. 버스행선지를 보니 신주쿠역, 하네다공항, 후지산역, 가와구치코(河口湖)역 등 다양한 노선이 운행되고 있다.

한편 고고메에 있는 매장에서는 기념품이며 등산용품들을 판

매하고 있는데, 그중에도 등산지팡이는 한 합목(合目)을 오를 때
마다 인증조각을 해주어 나중에라도 자기가 방문한 곳을 알 수
있다고 한다. 그래서인지 다들 지팡이를 하나씩 손에 들고 있다.

　맑은 날씨 덕분에 가감 없이 드러나는 후지산은 거의 100%
좌우대칭으로 우뚝 솟아 주변을 압도하니, 산 정상을 감싸고 노
니는 구름이 짧은 시간 동안에도 수도 없이 이리저리 변화를 시
도하여 보는 재미를 더해 준다.

　다시 왼쪽 등산로를 따라 올라가니 저 아래로 길게 펼쳐진 빽
빽한 수해(樹海)며 눈 아래 펼쳐지는 경치가 그야말로 장관이다.
특히 3고메* 정도에 있는 수해는 한 번 들어가면 빽빽하니 들어
찬 나무들로 인해 길을 찾을 수가 없어 자살 숲으로도 유명하다

고 하는데, 아닌 게 아니라 한 치의 빈틈도 없어 보인다.

절경에 취해 예정시간이 한참 지나서야 다음 행선지 오시노핫카이(忍野八海)*로 이동하니 서기 800년경에 후지산 분화 시 생긴 오시노 호수의 용수구(湧水口)가 연못으로 남은 오시노핫카이는 국가의 천연기념물이자 전국 명수(名水) 백선에도 들어간다. 후지산에 내린 눈이나 비가 후지산 내부에서 20년 이상 복류하여 깨끗한 물이 되어 용출되는 8개의 연못으로 이루어져 있어, 여덟 팔(八)을 써서 '핫카이(八海)'라고 한다.

물고기들이 유유자적 노닐고 있는 연못은 그 투명함이 화장거울로 삼아도 될 정도이다. 관광객들이 마치 그것을 확인이라도 하고 싶었는지 연못 바닥에는 수없이 많은 동전들이 던져져 있는데, 1엔짜리 동전까지 보일 만큼 물이 맑아 그 아름다움이 이루 말로 표현할 수가 없다. 깊이도 1미터 남짓 되는 것에서부터 8미터에 이르기까지 다양하다. 특히 8미터 깊이의 연못은 바로 옆에 있는 연못과는 깊이가 확연이 달라 어떻게 바로 옆에 있는데 이리도 깊이가 다를 수 있을까 의아할 지경이다. 위에서 내려다보니 그 맑고 진기한 풍광에 입이 절로 벌어져 말문이 막히고, 그 투명함은 극에 달해 그 깊이가 더 깊게 느껴지니 무섭다는 생각마저 들 지경이다.

03 수심 8m의 오시노핫까이

핫카이를 보느라 점심시간이 훌쩍 지나버린 것도 모르고 있는 우리들에게 사이토 과장님이 점심 식사하러 가기를 청한다.

인근 식당으로 들어가서 메뉴판을 보고 있으니, 이곳에서 유명한 '호우토우'*를 먹어 보라고 권한다. 잠시 후 모습을 드러낸 호우토우. 면 넓이가 족히 2㎝는 되어 보이는데, 호박·당근·버섯 등 각종 야채가 듬뿍 들어가 있어 이름을 짓는다면 '야채 칼국수' 정도가 어울릴 것 같다.

그 맛도 제법인데다 점심시간도 지난 터라 순식간에 바닥을 비우고, 하코네(箱根)로 향했다. 오시노핫카이에서 1시간 조금 넘게 달렸을까,

하코네 아시노코(芦ノ湖)에 도착했다. 그런데 여기 날씨는 변화무쌍한 일본 날씨를 증명이라도 하듯 구름이 잔뜩 끼어 후지

04 야마나시현의 향토요리 호우토우

산의 모습은 어디에도 찾아볼 수 없다. 인근 매장으로 들어가 9월 말에 오려고 하는데 날씨가 어떨지 물어보았으나 역시 예측할 수가 없다는 답변이다. 아쉬운 마음을 달래고 돌아오는데, '후지야 호텔'*이라고 적힌 아름다운 건물이 눈에 들어온다.

그것을 본 하야카와 상이 비틀즈도 이곳에 묵었고 외국의 주요 외빈이 묵는 곳이라며, 잠깐 들렀다 가자고 한다.

1878년에 세워진 일본 최초의 리조트 호텔이라는데 목조 마룻바닥이 세월의 흔적을 여실히 보여 주고 있다. 2층으로 올라가는 계단도 목조로 이루어져 한껏 고풍스러운데 유적지에 수학여행이라도 온 것처럼 이곳저곳 둘러보다 보니 어느새 돌아갈 시간이다.

바쁜 일정속에 피곤할 법도 하지만 피곤하지 않음은 자연의 아름다움을 만끽한 때문일까.

아름다운 자연환경이 오래도록 보존되어, 많은 사람들이 함께 향유할 수 있으면 하는 바람이다.

05 후지야 호텔

✈ ⚓ 🏠 🕐 🚲 💡

* 스바루라인: 야마나시현 미나미츠루군(南都留郡) 후지카와구치코마치
(富士河口湖町)에서 후지산 고고메(五合目) 부근에 이르는 유료도로이다.
* 고메(合目): 여러 가지 설이 있으나 후지산혼구센겐신사사무소(富士山本
宮浅間神社社務所)에서 발간한 〈후지의 연구〉에 따르면 후지산의 제신인
고노하나사쿠야히메가 여신이기 때문에 생명 탄생의 태생(胎生) 10개월을
10합으로 나눈 것이라는 설, 후지산이 되에 담은 쌀을 땅에 쏟았을 때의 형
태를 닮아 있어 되로 된 양을 사용해서 1리를 1합으로 했다는 설, 그 외에도
밤길의 등불에 사용하는 기름이 1홉 없어진 곳이 1합목이라는 설, 백미 한
되를 열 등분했다고 하는설 등이 있다.
* 오시노핫카이(忍野八海) : 야마나시현(山梨県) 오시노(忍野) 마을에 있
는 용천(湧泉)군. 후지산의 눈 녹은 물이 지하 용암 사이에서 약 20년의 세
월에 걸쳐 여과되고 용수가 되어 8개소의 샘을 만든 것으로 국가 지정 천연
기념물, 명수 백선으로 지정되어 있다. 후지산 구성 자산의 일부로 세계문
화유산으로 등록되어 있다.
* 호우토우(餺飥) : 야마나시현을 중심으로 한 지역에서 만드는 향토 요리
로, 밀 가루를 반죽해서 자른 면을 야채와 함께 된장 국물에 끓이는 요리이
다. 2007년에는 농림수산성에 의해 농·산·어·촌(農山漁村) 향토 요리 백
선(百選) 중 하나로 선정되었다.
* 후지야 호텔 : 1878년(明治11年)에 가나가와현(神奈川県) 하코네마치
(箱根町)의 하코네 온천에 만들어진 일본 최초의 리조트 호텔로 외국의 주
요 요인들을 비롯하여 국내·외의 많은 고객들에게 사랑받고 있음.

chapter 5

혼자라도 괜찮다!
일본 여행
제대로 즐기기

문화 1번지, 우에노 공원 🚲

🌸 아침에 일어나니 콧물이 줄줄 온몸이 쿡쿡, 전신에서 몸살 반응이 나타난다. 그동안 빡빡한 연수와 한국어교실 자원봉사로 미뤄놓은 명승지를 둘러봐야 하는데 시간은 없고 큰일이지 싶다. 하지만 몸살이 온몸으로 용병들을 보내와 꼼짝달싹하지 못하게 옭아매니 하는 수 없이 약을 먹고 침대로 몸을 밀어 넣었다.

금세 약기운이 온몸에 퍼져 한없이 나락으로 떨어지니 몇 시간은 족히 흘렀나 보다. 눈을 떴을 때는 해가 중천에 떠올라 있고 온몸은 땀으로 흥건하다.

샤워를 하고 어디 한 곳이라도 더⋯⋯. 하는 마음에 우에노(上野)공원으로 발길을 향했다. 안내책자를 보긴 했지만 우에노 공원의 규모가 생각 이상으로 크다. 일본 최초의 공원으로 도쿄의 공원 중 가장 넓은 규모를 자랑한다고 하는데, 과연 문화 1번지답게 도쿄 국립박물관, 국립서양미술관, 동경도미술관, 국제어린이도서관 등 온갖 문화 시설이 몰려 있다.

그뿐 아니라 일본 최초의 동물원인 우에노 동물원도 있고, 각종 절이며 신사가 있어 합격기원, 취직기원 등 염원을 담은 이들의 에마*가 걸린 게시판이 보인다.

01 도쿄 국립박물관 전경

또한 넓은 용지와 산책로에는 가족이며 연인 등 사람들로 넘쳐나니, 일본 국민의 사랑을 한 몸에 받고 있음을 한눈에 알 수 있다.

산책로를 지나 계단을 내려가니, 눈앞에 시노바즈노이케(不忍池)가 드넓게 펼쳐져 양쪽으로 끝도 없이 보이는 연꽃들이 가는 이의 발목을 사로잡는다. 또한 눈 아래 보이는 연못에는 거북이와 오리가 돌 위로 올라와 일광욕을 즐기며 한가로움을 만끽하고 있고, 물속에는 물고기들이 유유자적 떼지어 노닐고 있다. 그 뒤로는 끝없이 이어지는 연꽃 논에 부끄러운 듯 꽃봉오리를 맺은 연꽃, 한껏 피어 아름다움을 과시하는 연꽃, 그들의 철없음을 어여삐 여기는 듯 이미 꽃잎을 떨구고 열매를 맺은 연꽃 등 연꽃 3세대가 한데 어울려 살아가고 있다.

조금 더 들어가니, 보트장이 있어 함께 탄 연인들이 노 젓기에 열심이다. 시멘트 바닥에서 올라오는 열기가 참을 수 없을 만큼 뜨거워 그들을 따라 물속으로 풍덩 뛰어들고 싶은 것을 눌러 참고 한참을 걸어 나오니 공원 안에 떡하니 버티고 있는 스타벅스 매장이 보인다. 스타벅스의 위력은 어디까지?

02 국립 서양미술관 전경

03 국립 서양미술관에 있는 로댕의 '지옥의 문'

04 기원을 담은 에마

05 천연 연못인 시노바즈노이케

　그 옆을 스쳐 지나가니 동경도미술관이 보이고, 다시 그 옆으로는 화분으로 꾸며진 작은 분수대 뒤로 ROCK 동호회원들이 리듬에 맞추어 마음껏 몸을 흔들고 있다. 끝없이 펼쳐진 공원을 뒤로하고 우에노 시장 아메요코(アメ横)로 향하니 골목 양옆으로 이어지는 과일가게, 옷가게, 신발가게 등 온갖 종류의 매장으로 흥청대는 시장의 풍경은 남대문시장을 연상케 한다. 골목은 수박이며, 멜론 등 과일조각을 판매하는 가게 앞으로 더위를 잊으려는 사람들로 북적대고, 옷이며 신발 등 일반 가게들도 여느 지역의 절반 되는 저렴한 가격으로 지나가는 사람들을 불러들이니, 거리는 넘쳐나는 사람들로 활기가 가득하다.

　사람 냄새 물씬 풍기는 시장을 뒤로 하고 힘들어하는 몸을 달래려, 아쉬운 마음을 꾹꾹 눌러 접으며 집으로 돌아가는 JR선에 몸을 실으니 나름 점을 찍은 하루가 뿌듯하다.

우에노 공원 보트장

07 우에노 공원에서 ROCK을 즐기는 사람들

* 에마(絵馬) : 신사나 사원에서 기원드릴 때 혹은 소망이 이루어져 사례를 할 때 절과 신사에 봉납하는, 그림이 그려진 나무판.

동화 속 마을, 쿠사츠 1박 2일 여행 🚲

😊 이곳에서 처음으로 떠나는 여행지 쿠사츠온천.

아침부터 설레는 마음을 가다듬고 이토우 상, 하야카와 상과 함께 쿠사츠로 향했다.

가다가 처음 들른 가루이자와역(輕井驛)마을의 옛 미카사(三笠)호텔. 건립된 지 100년이 넘는다고 하는데 동화 속에 나오는 궁전처럼 아름답다. 지금은 입장료를 내고 관람하는 관광자원으로 중요문화재로 지정되었는데 미국에서 공부한 오카다토키타로우(岡田時太郎)가 설계했다고 한다.

01 건립된 지 100년이 넘는 미카사 호텔

순 서양식 목조호텔이라는 점에서 높이 평가받는 이곳은 완목이며 커튼, 유리창문 등 곳곳에서 메이지시대에 외국의 문물을 받아들이려고 한 흔적을 엿볼 수 있으나 안타깝

게도 별관은 실화로 소실되었다고 한다. 아름다운 동화궁전을 나와 가루이자와 길 양옆으로 수도 없이 이어지는 아름다운 별장들을 지나 마침내 도착한 우리의 숙소 이치이(一井)호텔. 쿠사츠 소재 호텔들 중에서는 가장 커 보이는데, 직원들도 친절하고 시설도 깔끔하고 1층에 큰 매점도 같이 있어 대체로 만족스러운 시설이다. 와식으로 된 방에는 테이블과 의자가 세팅되어 있고 다기세트와 함께 쿠사츠 온천 만주와 과자가 3인분씩 마련되어 있다. 여장을 풀고 차 한 잔으로 숨을 돌린 후 온천부터 다녀오기로 했다.

대욕장을 지나 분위기 있어 보이는 노천탕에 몸을 담그니 따뜻한 온천물에 시원한 공기며 빗소리가 어우러져 혼자만의 생각에 잠기기에는 더할 수 없이 좋은 곳이다.

두세 차례 드나들었더니 열기가 한참 동안 지속되어 온 몸이

02 쿠사츠 온천 야경

03 쿠사츠 온천 유바타케

나른해지고 스르르 졸음이 밀려온다.

잠시 눈을 붙인 후 식당으로 가니, 뷔페음식이 입이며 눈을 한껏 자극한다. 다들 뜨거운 온천물에 드나들어서 체력이 소모된 것 같다며 몇 번이나 음식을 담아 와서는 "배불러."를 연발한다. 소화도 시킬 겸 바깥으로 나와 흩날리는 빗사이로 야경을 즐기니 온천에 의외로 젊은 커플의 모습이 눈에 많이 띄는데 마침내 눈앞에 마주한 유바타케!* 진동하는 유황 내음과 수로를 따라 내려오는 온천 원천이 뜨거운 수증기를 흩날리며 폭포수처럼 떨어지니 그 모습이 보기 드문 장관을 연출한다. 화산폭발이라는 큰 대가로 얻어진 이곳 일본의 수확물이 아닐까 싶은데 다들 여기저기서 셔터 누르기에 바쁘고 노천 아시유(족탕)에도 빈틈없이 둘러앉은 사람들이 족욕을 즐기고 있다.

유바타케를 한 바퀴 둘러본 후 골목으로 들어가니, 손때가 묻은 일본 전통숙소들도 눈에 띄고 술집, 만주 가게, 기념품 가게 등도 여럿 보이는데 그 중에도 우리들의 발길을 끌어당긴 곳은

04 쿠사츠 온천의 아시유

05 웃는 지장보살상

입구에 지존보살상 세 개가 진열된 가게였다.

'한 사람이 웃고, 두 사람이 웃고, 모두가 웃고, 지구가 웃는다. 웃는 것이 좋아.'라는 글귀를 배경으로 저마다 재미난 표정을 짓고 있는 보살상의 모습은 지나다니는 모든 이들에게 웃음을 선사하고자 하니, 가게 앞을 지나는 이들의 얼굴에 자연스레 미소가 흐른다. 밤에 바라보는 마을의 전경은 아늑한 분위기와 함께 아기자기한 건물과 알록달록한 불빛이 동화 속 마을 그것 같다.

속세의 마음을 정화라도 시켜줄 것 같은 아름다운 야경을 뒤로하고 호텔로 돌아오는데 한 편에 사람들이 몰려 있는 광경이 눈에 들어온다. 호기심에 고개를 빠끔 들이밀고 보니 호우토우 시식회가 한창이다.

일본 면 요리의 기초가 되었다고도 하고, 중국에서 전해진 당나라 과자의 일종인 부또가 변화하여 간략화되었다고도 하는데 일전에 먹었던 기억이 나 한 봉지씩 사서 프런트를 지나려니, 마침 저글링 공연 중이다. 공연자가 "이곳 쿠사츠 온천은 상사병 빼고는 다 낫는 명 온천이니, 몸과 마음의 피로를 모두 풀고 편안히 즐기다 가십시오."라고 덕담을 건넨다.

06 방석 저글링

기분 좋은 한마디에 다들 얼굴에 미소가 가득, 이심전심 박수로 화답하니 그간의 묵은 때가 씻겨 나갈 것 같은 기분 좋은 밤이다.

✈ 🌲 🏠 🕐 🚲 💡

* 유바타케(湯畑): 온천의 원천을 지표랑 목제송수관으로 흘려서 온천의 성분인 탕화(湯花)의 채취랑 온도를 조절하는 시설.

🌸 쿠사츠에서의 마지막 날. 아쉬운 마음에 채비를 하다 말고 노천탕으로 발길을 향했다. 마침 아무도 없다. 온전히 혼자다. 온몸에 퍼지는 따뜻한 온기, 똑똑 떨어지는 빗물소리, 콧속으로 스며드는 신선한 공기가 그리 달콤할 수가 없다. 5분도 채 안 되는 짧은 시간이지만 깊은 심호흡으로 노천탕의 분위기를 한껏 들이키고 돌아 나오니 소소한 행복감에 잔잔한 웃음꽃이 피어오른다.

계속되는 비에 일정이 마땅하지가 않아 호텔에서 받은 무료이용권을 가지고 유모미쇼를 보러 가기로 했다.

10시가 되자 공연자 10명이 나오더니 5명씩 양 쪽으로 갈라져서 널빤지를 앞뒤로 돌려가며 온천수를 식히며 노동요로 보이는 노래를 부른다. 뒤이어 무용수 2명이 무대에 올라와 춤을 추고 내려가니 다시 유모미쇼를 한다. 이윽고 관광객 몇 명에게 체험 기회를 주더니 '상장'이라고 적힌 종이를 기념이라며 나눠준다. 상장을 받아들고 인근 쿠사츠 열대원으로 뷰티피쉬 체험을

164

갔다. TV로만 보고 늘 신기해했던 나는 얼른 양말을 벗어던지고 물에 발을 담갔다. 하지만 물고기들이 내게는 별로 올 마음이 없는 모양이다. 겨우 몇 마리만이 매달려 내 체면을 세워 주고 있는데, 신기하게도 이토우 상에게는 물고기들이 바글바글 모여 열심히 관리를 해주고 있는 것이 아닌가. "아무래도 내 발이 별로 맛이 없는 모양이다."라고 했더니 이토우 상도 하야카와 상도 큰소리로 웃어젖힌다. 뷰티피쉬가 각질을 먹는다고는 하지만 정말로 먹을까 의구심이 드는데, 발에 붙어 오물거리는 모습이 간질간질 간지럼을 태우는 것 같아 꽤나 재미있다.

색다른 체험에 어린아이들처럼 즐거워하며 귀갓길에 오르니 첫 일본 여행이 기분 좋게 마무리되는 순간이었다.

예상치 못한 여정 🚲
- 스카이트리와 아사쿠사

🐾 환상의 케미를 자랑하는 아담한 고바야시 상과 그녀보다 머리 두 개는 더 있어 보이는 고마고메 상이 함께 하면 힘든 연수도 늘 마음 즐겁다.

오늘 연수는 폐식용유를 수거하여 처리하는 공장 '동경렌다링 구협동조합*' 견학. 처음 공장이 들어올 때만 해도 인근 주민들의 반대가 심했으나, 지금은 주변 환경이 많이 정비되고 강 건너편으로 대단지 아파트가 들어서면서 인기지역이 되었다고 한다. 그 모습이 마치 지금은 환골탈태하여 시민들의 인기 주거지가 된 서울의 일부지역들과 많이 닮아 보이는데 담당직원의 설명이 이어진다. 이곳은 동경도, 이바라키현(茨城県), 치바현(千葉県) 등 17개 지방자치단체의 폐유를 중간 처리하여 비누나 비료로 만드는 곳인데 일부 기업체의 경우 마케팅의 일환으로 이곳에서 만든 재생비누를 기념품으로 제공하기도 한다고 한다.

01 동경렌다링구협동조합의 폐유 보관 탱크   02 재생 유지를 사용한 발전기로 가동되는 선풍기

설명 후에는 작업 현장을 둘러본 후 최종 작업장에서 재생 유지를 사용한 발전기로 대형 선풍기를 가동시켜 보여 주는데, 이러한 실질적인 현장학습을 통해서 견학하는 사람들에게 산교육을 시킨다고 한다. 해상매립이라는 쓰레기 최종처분방식에 기인하는 것도 있겠지만, 자원 재사용, 자원 재활용이 정말 잘 이루어지는 나라. 자원절약이 뼛속 깊이 배어 있는 이곳 사람들이다.

현장 견학이 끝나자 스카이트리와 아사쿠사를 들러보자고 한다. 공장 직원 덕분에 시원하게 냉방된 차로 도착한 스카이트리. 2012년 5월에 오픈한 도쿄의 명물로 새로운 시대에 걸맞은 커뮤니티의 상징이 되도록 만들어졌다고 한다. 634미터의 높이로 당초보다 높게 설계 변경되면서, 전파탑으로는 세계에서 가장 높은 것이고 건축물로서는 828미터의 아랍에미리트 두바이의 부르즈 할리파에 이어 세계 2위의 높이를 자랑한다고 한다.

밑에서 쳐다보며 그 위용을 사진에 담아보려 했으나 한 장으로는 쉽게 담기지 않는 높이다. 사전예약이 되지 않아 전망대까지는 오르지 못하고 아사쿠사로 이동했다.

2차 대전 전에는 도쿄 유일의 번화가였으나 신주쿠, 이케부쿠로 등에 그 명성을 내어준 지금은 에도시대의 풍경을 느낄 수 있는 관광지로서 그 이름을 이어 가고 있다고 한다.

드디어 눈 앞에 나타난 아사쿠사의 상징! 센소지(浅草寺). 지어진 지

03 도쿄의 명물 스카이트리

1,000년이 넘는다는 센소지의 첫 관문, 가미나리몬(雷門)을 통과하니 전통 공예품, 패션 잡화, 화장소품 등 온갖 것을 판매하는 나까미세 상점가가 센소지 경내까지 양쪽으로 펼쳐진다. 찌는 듯한 무더위에도 상점가가 인파들로 넘쳐나고 그늘진 곳은 특히나 발 디딜 틈이 없다.

상점가를 둘러보며 센소지에 도착, 호조몬(宝蔵門)을 지나 본전에 다다르니 많은 사람들이 새전함 앞에서 두 손을 모으고는 간절한 모습으로 저마다의 소원을 빌고 있다.

새전함 외에도 센소지의 양쪽으로는 운세를 볼 수 있는 오미쿠지*가 있어 한 무리의 사람들이 그날의 운세를 보고 있고, 또 다른 한 편에서는 에마에 소망을 적어 매달고 있다. 의외로 여

04 센소지 호조몬

기저기 많이 눈에 띄는 기복신앙의 모습들이 선진국 일본에서 조금은 낯설어 보이기도 하지만 한편으로는 왠지 인간적인 모습을 보는 것 같아 마음이 따스해지기도 한다.

그들을 뒤로하고 센소지 본당을 빠져나오려다 보니, 호조몬에 걸려 있는 대형짚신이 인상적이다. 장식을 하기 위한 것인가 싶어 물어보니, 야마가타현(山形県) 무라야마시(村山市)에서 봉납한 짚신은 그 무게가 500kg나 되는 것으로 인왕의 힘을 상징

05 길흉을 점치는 오미쿠지

하며 이를 본 마(魔)가 '이런 큰 짚신을 신는 것이 사원을 지키고 있나' 하고 놀라 도망가게 한다고 한다.

시간을 쳐다보니, 어느새 12시가 훌쩍 넘어 있다. 고바

야시 상이 일본의 스키야키(鋤焼)*를 대접하겠다며, 인근 식당으로 안내한다. 곧이어 세팅되어 온 스키야키. 나지막한 전골냄비에 양념간장을 자작자작 붓고, 각종 야채며 곤약, 버섯 등을 넣어 양념장을 찍어 먹은 후 얇게 저민 소고기를 익혀 먹는데, 달짝지근한 것이

06 호조몬에 걸려 있는 대형 짚신

제법 먹을 만하다. 다소 색다른 것이라면 고기를 날계란에 찍어 먹는다는 것이다. 보는 재미, 먹는 재미에 빠져 시간 가는 줄 모르니 어느새 사무실에 돌아갈 시간이다. 개인문화에 익숙한 이곳에서 마음 따뜻한 두 사람을 만나다니, 내게도 영 인복이 없는 것은 아닌 것 같다. '주님, 감사합니다. 제게 두 사람을 보내 주셔서.'

✈ 🎋 🏠 🕐 🚲 💡

* 동경렌다링구협동조합 : 폐유, 동식물성찌꺼기 등을 수집, 운반해서 재생 유지나 배합사료 등으로 중간 처리하는 사업자. 사업 허가기간은 5년이다.

* 오미쿠지 : 신사 등에서 길흉을 점치기 위하여 뽑는 추첨이다.

* 스키야키(鋤焼) : 얇게 슬라이스한 고기와 파, 쑥갓, 표고버섯, 두부 부침, 곤약 등의 재료를 얇은 철 냄비에 굽거나 삶거나 하여 먹는 일본 요리이다. 간장, 설탕을 사용한 조미국물이나 날계란에 찍어 먹는다.

가마쿠라 한 바퀴 돌고, 요코하마주카가이 찍고 🚲

🐱 쇼난신주쿠선(湘南新宿線)을 타고 1시간여 만에 도착한 기타가마쿠라역(北鎌倉駅). 카드 터치기만 한 대 있을 뿐 역사도 따로 없는 한적한 곳인데 저만치 엔가쿠지(円覺寺)가 보인다. 매표소에서 IC 교통카드로 간단히 입장료를 계산하고 들어가니 끝없이 우거진 수목과 함께 빗방울이 흩날리는 날씨 탓인가 경건한 분위기가 감도는데 왼쪽에 보이는 연못에서는 물고기가 펄떡펄떡 뛰어오르고 뒤로 보이는 경치 또한 가히 절경이다.

국보로 지정된 범종 '오오가네(洪鐘)'를 보려고 계단을 오르는데 그 수가 족히 200개는 되는 듯하고 목적지에 도착했을 때는

01 엔가쿠지 입구　　　　　　　02 국보 엔가쿠지 오오가네

03 겐쵸지 입구

04 겐쵸지 다이구리*

숨은 턱에 차는데 숨어 있던 무더위마저 기승을 부려 흘러내리는 땀이 주체가 안 된다.

　매점으로 가서 냉마차를 주문하여 마시니 그 맛이 일품이라! 쉴새 없이 흘러내리던 땀방울도 기세가 꺾이고 눈 아래 펼쳐지는 절경에 막힌 가슴마저 뻥 뚫린다. 열을 식힌 후 발걸음을 옮긴 곳은 일본 최초의 선종사원이며 가마쿠라오산*제일(五山第一)인 '겐쵸지(建長寺)'. 이곳을 상징하는 사자성어가 있다고 하니, '천하선림(天下禪林)'. '인재를 널리 천하에서 구해 육성하는

05 겐쵸지 가라몬*과 호죠*

06 겐쵸지 신문*

07 겐쵸지의 추천 메뉴 겐친우동 세트

선사'라는 의미라고 한다.

엔가쿠지가 수목이 울창하고 조용하여 수도하기에 적합한 곳이라고 하면, 겐쵸지는 넓은 공간이 뻥 뚫려 있어 그와는 또 다른 맛을 선사하는데, 안쪽 사원으로 가는 길의 경치가 특히 아름답다.

가벼운 발걸음으로 사찰을 빠져나와 겐쵸지 앞 식당으로 들어가 추천메뉴인 겐친우동*세트를 주문하니 야채가 듬뿍 들어간 우동과 함께 영양밥이 나오는데, 맛이 제법이다.

에너지를 충전하고 제니아라이벤자이텐(錢洗弁財天)으로 가기 위해 구즈하라가오카(葛原が岡) 하이킹 코스로 들어가 한참을 걸어가니 구즈하라오카 신사가 나타난다. 인연 맺기 신사로 유명하여 여자들에게 인기가 높다고 하는데 하트 모양의 에마가 500

08 구즈하라오카 신사의 하트 에마

09 인연 맺기 돌

10 행운을 부른다는 마사루이시

11 제니아라이벤자이텐 입구

12 제니아라이벤자이텐 경내

엔에 판매되고 있다. 마침 우리가 도착했을 때에는 젊은 연인 한 쌍이 각기 남녀를 상징하는 인연 맺어 주기 돌에다 에마를 매달고 있다.

신사 입구에는 마를 쫓아내고 행운을 부른다는 마사루이시(魔去石)가 있다. 100엔을 낸 후 앞에 준비되어 있는 작고 둥근 돌을 집어던지니 '쨍그랑' 하고 깨지는 소리에 온갖 나쁜 기운들이 소리와 함께 빠져나가기라도 한 듯 기분이 좋다.

커플을 뒤로하고 비탈길을 따라 내려오니 마침내 기다리던 '제니아라이벤자이텐(錢洗弁財天)'이라고 적힌 동굴 입구가 보인다. 안으로 들어서니, 삼면이 절벽으로 둘러싸여 이상한 나라의 앨리스가 된 것 같다. 경내 안쪽 동굴 같은 곳으로 들어가니, 가마쿠라 오명수(五名水)* 중 하나라는 제니아라이미즈(錢洗水)가 있다.

이 물에 돈을 씻으면 돈이 백 배, 천 배로 불어난다고 하여 모두들 소쿠리에 돈을 담아 씻기에 여념이 없다. 나도 동전을 꺼내다 옆을 바라보니, 모두들 지폐도 씻는 것이 아닌가. 아, 많

이 씻을수록 많은 재물이 불어나나 보다 싶어, 얼른 지갑에서 빳빳한 1,000엔짜리를 꺼내 한참을 씻은 후에 집어넣었다. 그 모습을 본 시바 과장님이 "김 상, 이제 부자가 될 거니 그땐 나에게 한턱 쏴요!" 하며 웃는다.

부자가 되기 위한 작은 의식을 치른 뒤 삼사십 분을 걸어가니 드디어 고토쿠인(高德院) 대불이 나타난다. 불상으로는 유일하게 국보로 지정되었다는 가마쿠라의 상징, 만들어진 지 750여 년이 된다고 하는데, 이전에는 대웅전 안에 모셔져 있었다고 한다. 그 표정이 온화하며 너그러워 보이니, 구원의 부처인 아미타를 나타낸 것이다. 불상의 높이가 자그마치 13.4미터나 되고 무게도 121톤이나 되어 그 크기만으로도 관광객들을 압도한다.

특히 대불 안으로 들어갈 수 있게 되어 있어 들어가니, 머리 바로 위로 부처님의 머리가 보이는데 그 크기가 장엄하기 이를 데 없다. 밖으로 나와 뒤로 돌아가니, 환기를 위한 창문도 2개가 만들어져 있다.

대불을 뒤로 하고 한참을 걸어 내려오는데, 우리 앞에 한 남

자가 수상보드를 들고 맨발로 가고 있는 것이 보인다. 의아해하
며 시바 과장님을 쳐다보자, 바로 가까이에 바다가 있는데 우리
도 바다로 가는 중이란다. 얼마 안 있어 도착한 유이가하마(由比
が浜)* 해수욕장. 산 가까이 바다도 있는 것이 신기한데 탁 트인
바다를 바라보고 있으니, 이곳 생활에 찌들고 답답했던 가슴이
확 뚫리는 기분이다. 아직 잔서(殘暑)가 남아 있는 터라 서핑을
즐기는 사람, 선탠을 하는 사람, 물장구를 치는 아이들 등 전형
적인 바다의 풍경이다.

　집으로 돌아가려다 아쉬웠는지 시바 과장님이 가마쿠라에 오
면 이곳을 꼭 가야 한다며 안내한 곳은 츠루가오카하치만구(鶴
岡八幡宮). 입구에도 경내에도 공연하는 이들의 흥겨운 피리소
리와 북소리가 가는 이들의 발길을 붙잡는다. 특히 경전 입구로

들어가는 아치형의 다이코바시(太鼓橋)는 남자는 출세, 여자는 순산한다는 이야기가 전해져 온다고 하는데, 다리 너머로 멀리 보이는 궁의 위풍이 압도적이다.

가까이 다가가니 앞쪽에 있는 건물이 하궁(下宮)인 마이도노(舞殿)이다. 일명 '배전(下拜殿)'이라고도 하는데, 연유인즉 당대 유명한 유녀(遊女)였던 시즈카고젠(静御前)이 가마쿠라를 개창한 미나모토노요리토모(源頼朝)의 이복동생 미나모토노요시츠네(源義経)와의 이루지 못한 사랑을 그리워하며 춤추었던 회랑 자리에 건립된 까닭에서라고 한다. 가슴 아리는 사연이 얽힌 마이도노를 지나 계단을 올라 자리하고 있는 상궁(上宮), 츠루가오카하치만구의 본전에 이르니 많은 사람들이 기념사진을 찍고 있다.

기념사진 촬영에 여념이 없는 사람들을 뒤로하고 하궁으로 다시 내려오자니, 마침 학생들의 합창공연이 한창이다. 애달픈 사랑이야기를 들은 뒤라 그런가, 하궁의 모습이 왠지 더 애틋하게 다가온다.

16 츠루가오카하치만구 경내에서 공연하는 사람들   17 츠루가오카하치만구의 다이코바시   18 츠루가오카하치만구 본전

19 요코하마 항구　　　　　　　　20 야마시타 공원　　　　　　　　21 요코하마 주카가이

　츠루가오카하치만구를 나오니 어느새 네 시가 훌쩍 넘어 있다. 이케부쿠로로 돌아가려다 아쉬운 마음에 항구도시 요코하마(橫浜)에 들르니 요코하마 간나이역(関内駅)에 내렸을 때는 어느새 어두운 기운이 슬슬 몰려오기 시작한다.

　역 오른편으로 보이는 '요코하마 스타디움'을 지나 부지런히 발걸음을 옮기니 도중에 아름다운 서양식 건물이 발길을 붙잡는다. 개항 50주년을 기념해 1917년에 준공된 개항 기념 회관으로, 국가중요문화재라고 한다. 조금 더 앞으로 나아가자, 오른쪽으로는 클래식한 외관으로 주변을 압도하는 '가나가와 현청'이, 왼쪽으로는 이슬람사원풍의 요코하마 세관이 그 아름다움과 웅장함으로 가는 이의 발길을 붙잡으니 도시가 참으로 아름답다.

　곧이어 도착한 요코하마 항구. 항만시설 오오산바시(大桟橋)를 보면서 관동대지진의 부흥 사업으로 바다를 매립하여 만들었다는 야마시타 공원으로 내려가니, 나지막하고 둥근 나무들이 울창하여 포근하고 정겹게 느껴진다. 데이트 장소로도 유명하다는 공원을 지나 요코하마 주카가이(橫浜中華街)로 이동했다. 중국인들의 독특한 문화가 형성되어 있는 인천의 차이나타운이 연상되는데 끝없이 이어지는 홍등이며 간판들이 과연 중화거리임을 실감케 해준다. 발길 닿는 대로 들어가 정식메뉴를 주문하니, 일

22 관우를 모신 간테이뵤

본 식당에서는 상상할 수도 없는 대용량의 식사가 나온다.

만족스런 저녁식사를 하고 역으로 향하는데, '간테이뵤(關帝廟)'라고 적힌 화려하기 그지없는 사당이 시선을 잡아끈다. 중국인들이 사업번창의 신으로 관우를 모신 곳이라고 한다. 마침 폐쇄시간이라 자바라를 닫고 있는 중이었으나, 잠시 양해를 구하고 들어가 관우장군의 위용을 보고 나오니 알찬 하루 일정에 마음마저 뿌듯하다.

✈ 🏯 🏠 🕐 🚲 💡

* 다이구리(大庫裡) : 학승을 중심으로 해서 승려와 불전에 공양하는 음식을 조리하는 장소를 일컬으며 일반 사원에서는 종무를 겸하는 곳도 많다. 겐쵸지도 다이구리에 종무소가 있다.
* 가마쿠라 오산(五山) : 대승불교의 일파인 선종의 사격(寺格)으로 겐쵸지(建長寺)가 제1위, 엔가쿠지(円覚寺)가 제2위, 쥬후쿠지(寿福寺)가 제3위, 죠치지(浄智寺)가 제4위, 죠묘지(浄妙寺)가 제5위이며 일본에 순수한 선종이 전래된 것은 가마쿠라 시대이다.
* 가라몬(唐門) : 중요문화재로 호죠 입구의 문. 지붕이 가라하후(唐破風)로 되어 있어 가라몬(唐門)이라고도 한다. 불전과 마찬가지로 도쿠가와 히데타다(徳川 秀忠)의 부인 스겐인(崇源院) 사당에서 이축한 것. 관동대지진 이후 2011년 5월에 수리를 마치고 이축 당시의 모습을 재현함.

* 호죠(方丈) : 원래는 절의 주지스님이 사는 건물을 일컬으나 지금은 각종 의식 행사에 이용되는 건물.

* 산몬(三門) : 불교 사원의 정면에 배치된 정문. 별칭으로 山門이라고도 함.

* 겐친우동 : 뿌리야채가 듬뿍 들어가 있는 우동.

* 가마쿠라 오명수(五名水) : 에도시대에 편찬된 〈신편가마쿠라지(新編鎌倉志)〉에서 양질의 물로 선정된 가나가와현 가마쿠라시내 5개소의 용수(湧水)를 말한다.

* 유이가하마(由比ヶ浜) : 가마쿠라시 남부의 사가미만(相模湾)에 접한 해안의 명칭으로 해수욕장으로 유명하다.

나 홀로 1박 2일 닛코 여행 🚲

🐼 뭔가 움직이는 듯한 느낌에 저절로 눈이 떠졌다. 시간을 보니, 새벽 2시 반. 아닌 게 아니라, 침대가 좌우로 흔들리고 있다. 마치 마술에라도 걸린 것처럼, 반듯하게 누워서 손을 가슴에 얹은 채, 꼼짝달싹할 수 없다. 머릿속으로 가족들 얼굴이며 돌아가신 엄마, 지인들의 얼굴이 차례로 떠오르고 온갖 생각들이 끝도 없이 꼬리를 무니 공포심이 온 몸을 휘감는다.

그러기를 한 시간여 지났을까. 간신히 잠이 다시 들었다 깨어 TV를 켜니 동경에 3~4도 정도의 지진이, 간밤에 내가 눈떴던 그 시간 바로 2시 반에 있었다는 뉴스가 나오고 있다. 그런데 그건 지진이 아닌 여진이었다는 이야기다.

진원지가 따로 있는 여진에 의한 진동이 그 정도라니! 간밤의 끔찍했던 공포감이 지진의 맛보기 수준이었던 것이다.

하지만 2011년에 쓰나미까지 몰고 와 순식간에 모든 것을 앗아간 3·11 지진! 그들이 겪었을 공포와 참담함을 생각하니 마음 한편이 아려 온다. 한참 동안 감상에 사로잡혀 있다가 문득 정신을 차리고 보니 오늘이 바로 1박 2일 닛코(日光) 기누가와(鬼怒川)온천으로 여행을 가는 날이다. 혼자서 숙박여행을 하는 것은 처음이라 잘할 수 있을지 걱정이 되지만 일단 이케부쿠로역으로 향했다.

PASMO 카드를 찍고 개찰구를 통과했는데 뭔가 이상한 생각이 든다. 아뿔싸! 내가 실수를 한 것이다. 닛코행 티켓으로 들어오면 되는 것을, 무의식중에 PASMO로 들어온 것이다. 무의식의 힘이란. 마침 근처에 보이는 역무원에게 상황을 이야기했더니, 개찰구에서 정산을 받으란다. 많지 않은 금액이라도 이중지불이 되면 아까운 생각이 드는 것이 인지상정. 부랴부랴 개찰구로 가서 직원에게 어찌해야 되는지 물었더니, PASMO카드는 받아 취소처리를 하고, 닛코행 티켓을 체크해 준다.

곧이어 들어온 기누가와 온천행 기누가와 5호 열차에 몸을 실으니, 창밖으로 펼쳐지는 풍경은 이곳이 한국인지 일본인지 구분이 되지 않을 정도인데 두 시간여를 달리니 우리나라 시골 어느 역사에 있는 듯한 기누가와온천역에 도착한다.

버스를 타고 호텔로 들어가는 다리에서 바라보는 계곡 풍경은

01 기누가와 온천역 광장의 아시유

02 여자 도깨비 기누코상

03 온천에 다녀온 후 즐긴 와식

가히 절경인데 다리 끝자락에 있는 여자도깨비 기누코* 상은 보는 이로 하여금 미소 짓게 한다.

숙소에 들어 온천을 다녀오니 와식(和食) 코스요리가 나오는데 음식 하나하나가 어찌나 아기자기 예쁜지 외국인이라면 꼭 한 번 체험할 것을 권하고 싶다.

* 기누코(鬼怒子) : 기누가와 온천의 이미지 캐릭터 기누타(鬼怒夕太)의 여동생. 기누가와온천 호텔 앞 다리 건너 족탕 기누코노유(鬼怒子の湯) 앞에 있다.

04 도깨비 기누타상

9월 21일 토요일

도부닛코역에서 일행과 함께 가는 첫 방문지는 신쿄(神橋).
일본 3대 희귀다리의 하나로 '야마스게노쟈바시(山菅の 蛇橋)'라
고도 불리며, 1999년 세계유산으로 등록되었다고 한다. 돌 교
각이 받쳐 주는 나무다리로, 길이는 30미터 정도에 불과하나 다
리에서 보는 경치가 절경이다. 다리 전체가 옻칠이 되어 있고
난간이랑 쇠장식이 붙어 있는 전국에서도 희귀한 다리라고 하
며, 가이드가 다리에 얽혀 있는 이야기를 들려준다.

나라시대에 고승 쇼도쇼닌(勝道上人) 일행이 난타이산(男体山)
에 오르려고 하였으나 계곡의 격류로 인해 건널 방법이 없어 기

01 신쿄 위에서 본 절경

02 이치이 주목과 진쟈다이오 사당

184

03 닛코후타라산 신사의 무녀의 춤

도를 하자 불교의 수호신인 진쟈다이오(深沙大王)가 나타나, 자기가 가지고 있던 두 마리의 뱀을 풀어 다리를 만들어 줌으로써 무사히 건넜다는 이야기다. 나라시대에 처음 놓이고, 에도시대 초기에 현재의 형태로 되었다고 한다. 다리 끝 쪽에 있는 이치이 주목은 수령이 1,100년이나 되는 것으로, 그 수기는 주위를 깨끗하게 하고 행복을 가져온다고 전해지는데 최고를 나타내는 '일위(一位)'라고 쓰여 있어 재수가 좋은 나무라고 한다.

다리를 지나 이동한 곳은 닛코후타라산 신사(日光二荒山神社).

본 신사는 관동제일의 영봉 난타이산을 신위로 하여 나라시대에 봉축되었다고 하는데 일행이 안으로 들어가자 색다른 복장을 한 여인이 들어오더니, 단 중앙에서 춤을 춘다. 그 외관이 마치 무녀들이 추는 춤 같아 가이드에게 물었더니, '미코'라고 불리는 여인은 우리네 무녀 정도에 해당된다는 설명이다. 예전에는 엄마가 무녀이면 그 딸도 무녀였지만, 이제는 그런 시대는 지났다고 한다. 무녀의 춤이 끝나자, 다들 재선함에 복채도 넣고 기원을 한 후 부적을 챙겨서 나온다. 일본의 주된 종교가 토착신앙인 신도(神道)와 불교라고는 하지만, 처음 보는 뜻밖의 광경에 다소 어안이 벙벙했다.

　잠시 후 이동한 곳은 신사 옆에 있는 중요문화재 닛코후타라산 신사보물관(日光二荒山 神社宝物館). 도치기현(栃木県) 제일의 사립박물관으로 다이쇼(大正, 1912~1926), 쇼와(昭和, 1926~1989) 시대의 출토품 외에도 황실의 어물이나 신사의 중요 제례인 레이타이사이(例大祭)*에서 사용된 오미코시* 등 다수의 보물이 전시되어 있다. 그중에서도 유독 눈에 띄는 것은 길이가 3미터가 넘는 장검인데 어찌 이것을 들고 전쟁을 했겠냐고 했더니, 전쟁용이 아니라 신(神)이 소지했던 장검이라고 한다. 만져도 좋다고 적혀 있으니 남자 분들이 들어 보는 시늉을 해 보는데 어림없다는 표정이 역력하다.

04 신사의 중요 제례에 사용되는 오미코시　　　05 쥬젠지에서 본 절경

06 게곤 폭포

이어 인근에 있는 쥬젠지(中禪寺)*로 이동하니, 왼쪽으로는 닛코시라네산(日光白根山)이, 가운데는 호수 중 표고가 가장 높다는 쥬젠지코(中禪寺湖)가, 오른쪽으로는 후지산을 닮은 난타이산(男体山)이 한눈에 들어와 그야말로 절경이다.

절에서부터는 스님들이 설명을 해주는데, 신기하게도 어느 절이나 설명 후에는 소원을 들어주는 영험함이 있다며 이런저런 제품 판매가 이어진다. 중식을 끝내고 이동한 곳은 게곤(華嚴)폭포. 쥬젠지코를 수원으로 해서 난타이산 용암류의 절벽에 걸쳐 흐르는 길이 97미터의 일본 3대 폭포 중 하나로 엘리베이터를 타고 지하로 내려 가 올려다보는 것이 장관이란다.

지하 100미터. 순식간에 도착한 엘리베이터에서 내려 전망대로 가니, 과연 떡 벌어진 입이 다물어지지 않는다. 힘차게 떨어지는 폭포 물줄기며, 물줄기가 계곡으로 이어지는 장관은 카메라에 담기에는 역부족이나 다들 여기저기서 셔터 누르기에 바쁘다.

폭포관람을 마치고 이동한 곳은 오늘의 최종목적지, 도쇼구(東照宮).

1999년에 후타라산신사
(二荒山神社)와 함께 세계
유산으로 등록된 도쇼구
는 도쿠가와 이에야스가
모든 사람들의 행복을 기
원하여 후지산에서의 북

07 도쇼구 신큐샤

동쪽방향과 에도성이 만나는 닛코지역에 건립한 신사라는 설명
이다.

도쇼구에서 처음 만나게 되는 것은 왼쪽의 5층탑. 에도시대
에 이미 지진에 대비하여 지은 건축물이라고 하는데, 현재 스카
이트리에도 이 기술을 적용했다고 한다. 다시 더 안으로 들어가
니, 그 옛날 건물 조각이 어쩜 그렇게 아름다운지! 들을 수 없고
말할 수 없고 볼 수 없는 세 마리의 원숭이가 조각된 신큐샤(神
厩舍), 상상의 코끼리가 조각된 산진코(三神庫), 일본 최대의 하
나도리(花鳥)가 조각된 국보 회랑(廻廊), 흰색과 금박, 검정 등이

08 도쇼구 산진코   09 국보로 지정된 도쇼구 회랑

칠해져서 그 화려함이 빛나는 건물 가라몬(唐門)*, 그리고 '도쇼
구'하면 빼놓을 수 없는 네무리네코 등 전체 규모며 아름다움이
어느 것 하나 빠지지 않아
보인다. 시간적인 여유가
없어 더 자세히 둘러보지
못하는 것이 못내 아쉽다.

10 도쇼구 오층탑

11 화려함이 빛나는 도쇼구 가라몬

네무리네코

잠시 후 들어온 버스를
타고 도부닛코역에 도착!
PASMO카드를 찍고 내리
려 하는데, 점심시간에 만
났던 두 분이 관광버스 마
크만 보여주며 그냥 내린
다. 영문도 모른 채 따라
한 후 여쭈었더니, 이 마
크를 보여 주면 무료승차
라는 것이다. 사람의 인연
이란 참 묘한 것이어서 식
당에서 만난 두 분이 이렇
게 나의 길잡이가 되어 주
실 줄이야. 감사하다는 인
사를 전한 후, 그분들과
헤어져 역 주변을 둘러보

니, '세계유산으로 등재된 마을 닛코'라는 표지석이 그제야 눈에 들어온다. 역시 아는 만큼 보이는 것일까?

✈ 🌲 🏠 🕐 🚲 💡

* 레이타이사이(例大祭) : 신사에서 매년 거행되는 제사 중 가장 중요하다고 여기는 것.
* 오미코시(御神輿) : 제례 때 신위(神位)를 모시고 메는 가마.
* 쥬젠지(中禅寺) : 784년 쇼도쇼닌(勝道上人)에 의해 창건된 절로 세계유산 닛코산 린노지(日光山　輪王寺)의 별원이다. 본존은 쇼도쇼닌 자신이 조각했다고 전해지는 천수관음으로 서 있는 계수나무를 조각했다 하여 立木観音이라고도 불린다.
* 가라몬(唐門) : 3m×2m의 작지만 화려한 건물이다. 정면의 문은 모란, 당초, 매화, 국화 등의 투조(透彫)로 되어 있는데, 구하기 힘든 당목(唐木)을 사용하고 있어서 당문(唐門), '가라몬'이라고도 한다. 좌우는 투병(透塀)으로 되어 있고 내부에 도쇼구의 중심이 되는 본전이 세워져 있다.

하라쥬쿠와 시부야 솔직 여행기 🚲

🌸 추분(秋分)인 오늘 이곳은 휴일이다.

어디든 가야겠다 싶어 정한 행선지는 하라쥬쿠(原宿)와 시부야 (渋谷). 하라쥬쿠역에 내려 도착한 메이지 신궁. 녹음이 울창하 여 수목원에 온 듯한데 메이지 천황(明治天皇)과 쇼켄 황태후(昭

01 하라쥬쿠역 전경 02 메이지 신궁 난신몬
03 메이지 신궁 정원 메이지 신궁 입구 도리이*

憲皇太后)를 모시는 신사라고 한다.

연못에는 물고기들이 노닐고, 드넓은 정원에는 삼삼오오 모인 사람들이 녹음 속에 휴식을 취하고 있으니 낙원이 따로 없다.

본전에 도착하니 신도 결혼식을 올리는 모습도 보이는데 계단참 아래쪽에서는 메이지 신궁 숭경회* 주관으로 모금활동을 하고 있다. 무슨 일인가 궁금하여 가까이 다가가니, 신궁 지붕 보수를 위한 기부금 접수를 위해 동판을 판매하고 있는데 개당 3,000엔이라고 한다. 멀쩡해 보이는 지붕을 어째서 교체를 하는지 의아하게 여기니, 지붕이 망가지기 전에 보존하기 위한 것이라고 한다.

유비무환(有備無患)의 정신이다. 사건 사고가 발생할 경우, 흔히 TV에서 '사전에 막을 수 있는 인재였다'는 말을 자주 하곤 하는데, 문화재의 경우 특히 이런 작업이 필요하겠구나 싶다.

시간을 보니 어느새 2시.

중고생들에게 인기가 있다는 다케시타도오리를 지나 요요기 공원을 찾아가니 생각 이상으로 큰 공원 여기저기에서는 많은

05 신도 결혼식   06 메이지 신궁 숭경회 모금활동

07 요요기 공원   08 풋백을 즐기는 젊은이들   09 국립요요기경기장

사람들이 북을 치거나 춤을 추거나 혹은 연인의 무릎을 베고 잔디에 눕는 등 저마다의 방식으로 여유를 즐기고 있다.

한 편에서는 대학생으로 보이는 젊은이들이 제기차기 같은 것을 하고 있어 물어보니, '풋백'*이라는 게임이라고 한다.

벤치에 앉아 잠시 그들의 게임을 구경하다 공원을 빠져나오니, 오른쪽에 특이한 디자인의 '국립요요기경기장'이 보이는데, 예전에 올림픽경기가 개최되었던 곳이라고 한다.

온종일 돌아다녔더니 다리는 쉬고 싶다고 아우성이나 새로운 곳을 방문했다는 사실에 가슴만은 뿌듯하다.

* 도리이(鳥居) : 신사(神社) 등에서 신의 영역과 인간이 사는 속계를 구분하는 것으로 신의 영역 입구를 표시하는 문이다.
* 메이지 신궁 숭경회 : 1946년 전후 인심이 동요하고 혼란이 심하던 때에 메이지 신궁 제신의 덕을 받드는 전국 독지가들의 뜻을 모아 신궁의 융성을 기하고자 창립하였다.
* 풋백 : 직경 5㎝의 공을 땅에 떨어트리지 않게 발이나 무릎으로 계속 차올리는 스포츠로 1972년 미국에서 부상을 입은 스포츠 선수의 재활 용으로 고안된 것이라고 한다.

동대문구 대표단, 동경에 입성하다 🚲

9월 26일 목요일

🌸 드디어 동대문구 대표단이 3박 4일 일정으로 동경으로 오는 날이다. 5개월 만에 한솥밥 식구들을 만난다 생각하니, 소풍 전날처럼 마음이 들떠 먹지 않아도 배가 부르고, 심장마저 벌렁벌렁 거린다.

가까스로 마음을 달래고 마중을 나가니, 맞선 보러 나간들 이리 떨릴소냐!

이런 내 심정은 아는지 모르는지 우리 대표단은 도통 보이질 않는데, 우측 편 게이트에서는 200명은 족히 되어 보이는 여성들이 모여 서서 웅성거린다. 앞에 있던 사람에게 무슨 일인가 물었더니, 슈퍼주니어가 온다는 대답이다. 혹시나 우리의 아이돌 얼굴이라도 볼까 싶어 잠시 얼쩡거려 보았지만 쉽게 모습을 드러내지 않는다. 마음을 비우고 한참을 더 기다린 후에야 모습을 드러내는 우리 식구들. 그들을 보는 순간, 저 밑에서 뭔가 모를 뜨거운 것이 울컥 치밀어 오르더니 종내 울음보가 터지고 말았다. 결혼해서 외국에 살고 있다가 친정 식구라도 만난 것 마

01 지진으로 폐쇄된 도시마구 청사

02 신개념 주거복합 도시마구 신청사

냥 반갑기 그지없다. 그 간의 서러웠던 감정들이 한꺼번에 폭발하니, 눈물이 쉽사리 멈출 생각을 않는다.

가까스로 진정을 하고 도시마구청으로 이동하니 현관에 구장님을 비롯한 직원들이 도열해서 박수로 우리들을 맞이한다. 관계가 돈독하신 두 분 구청장님은 1년 반 만의 만남을 그 누구보다도 기뻐하며 반갑게 인사를 나누신다. 직원들의 열렬한 환대 속에 구장 응접실로 이동하니 간만의 해후에 이야기꽃이 끊이질 않는다.

잠시 후 이어진 신청사 건립현장 시찰. 일본대지진으로 구청사의 벽면과 기둥이 손상되어 신청사 건립이 구의 숙원사업이었으나 재정난으로 실행이 어렵게 되자 세금을 들이지 않고 건립하는 방법을 모색하였다. 그리하여 통폐합된 히노데 초등학교 잔여 대지 및 현 청사 임대료를 활용하고 청사와 주택이 공존하

는 건축방식을 도입, 아파
트를 분양함으로써 돈 한
푼 들이지 않고 지하 3층,
지상 49층 규모의 청사를
건립하였다. 청사는 총 49
층 중 9층까지이고 11층에

03 도쿄 돔경기장 야경

서 49층까지는 아파트로 보기 드문 이 건축방식은 일본에서도
최초라고 한다. 그런 만큼 주민의 반대도 극심하여 100여 차례
에 달하는 설명회를 가졌다고 하는데 2015년에 준공된 현 청사
는 도시마구의 자랑일뿐 아니라 동경, 더 나아가 일본 내에서도
명물이 되었다고 한다.

　소통의 산물인 신청사 건립 현장을 떠나, 6시부터 시작된 공
식 리셉션 장소 리비에라 동경으로 이동했다. 도시마구 대표단
의 일원으로 동대문구를 방문했을 당시 우리 측 환대에 감명받
았던 이곳 부사장님이 준비에 각별히 신경을 쓴 듯 요리가 맛은
물론 데코 또한 뛰어나 미각을 자극한다.

　적당한 알코올, 맛있는 음식과 함께 만남의 기쁨을 만끽한 후
도착한 우리의 숙소는 이승엽 선수가 야구경기를 했던 도쿄 돔
경기장 바로 앞에 위치한 도쿄돔호텔이다.

　앞으로의 3박 4일간 일정에 대한 기대감에 부풀어 잠자리에
드니 참으로 아름다운 밤이다.

긍정적인 에너지, 청명한 날씨 🚲
- 후지산과 하코네 국립공원 탐방

🌸 후지산과 하코네 국립공원 탐방이 있는 날이다. 화창한 날씨만큼이나 상큼한 복장을 한 대표단의 유머와 함께 에너지도 충만하게 달려가니, 더할 수 없이 청명한 날씨에 적나라하게 그 모습을 드러내는 후지산. 함께 간 도시마구 직원들조차 이렇게 좋은 날씨는 전에 없는 일이라며 감탄하는 후지산을 둘러본 후

01 오와쿠다니 계곡

후지산 모양의 빵을 사서
하나씩 시식을 하고 부지
런히 차를 달려 이동한 하
코네 국립공원의 오와쿠
다니(大涌谷) 계곡. 수증기
가 폭발하며 만들어 낸 분
화구라는데, 지금도 쉬지

않고 뿜어 나오는 희뿌연 수증기와 코를 찌르는 유황 냄새가 이
곳이 오와쿠다니임을 알게 해준다. 일부 일행은 수증기 나오는
계곡을 배경으로 사진 찍기에 여념이 없고, 또 다른 일행은 오
와쿠다니의 명물인 검은 달걀을 사러 온천수가 나오는 위쪽 계
곡을 다녀온다. "한 개 먹으면 7년, 두 개 먹으면 14년이 수명
연장되지만, 욕심내서 3개 먹으면 말짱 도루묵"이라는 가이드
의 재미난 설명을 안주삼아 따끈따끈 검은 달걀도 먹고 차에 오
르니, 모두의 얼굴이 아이들처럼 해맑다.

저녁식사를 위해 신주쿠식당으로 이동하여 간만에 우리네 음
식으로 한껏 배를 채우니, 구중궁궐 임금도 부럽지가 않다.

우리 입맛엔 우리 것이 최고. 먹을거리 하나로 이렇게 행복할
수 있다니, 행복은 멀리 있는 게 아니고 가까이 있다고 했던가.

맛난 음식에 날씨조차도 대표단 분들의 긍정 에너지에 눌려
화창함의 진수를 보여 주니, 이분들과의 동행이 감사하기 이를
데 없다.

9월 28일 토요일

오늘 첫 방문지는 시뮬레이션을 통해 지진, 화재 상황을
체험하고 대처요령을 익히는 이케부쿠로 방재관. 지진 체험은
외국인도 많이 찾는 인기 프로그램이라고 하는데 미리 예약을
해 놓은 덕분에 체험의 시간도 가질 수 있어 호기심 많은 몇 분
이 용감하게 체험장 안으로 들어선다.

01 지진 체험실

서울 촌뜨기, 일본에 가다

이윽고 "진도 3, 진도 4" 하며 시뮬레이션 상황을 만들자, 테이블이 흔들거리기 시작한다. 안내자의 멘트에 따라 테이블 밑으로 몸을 숨겨 다리를 잡

02 청소 공장 내 올림픽 유치 축하 배너

는 등 지시에 따르는 모습이 마치 체험학습을 나온 학생들 같다. 체험을 끝내고 나오면서는 "이 정도쯤이야!" 하며 호기를 부리시어, 일행에게 웃음을 선사하기도 한다.

이어서 어르신들의 건강노래교실이 진행 중인 구민히로바를 거쳐 중식이 준비되어 있는 회의장으로 이동하니, 후식으로 준비된 모나카가 재미나다. 이름하여 '지장보살 모나카'. 대표단 한 분께서 "이런! 지장보살님을 먹어도 되나? 그런데 어디서부터 먹어야 되나"라며 의문을 표하자, 도시마구장님 왈 "몸이 불편하신 곳이 있으시면 거기부터 드세요. 그럼 건강해집니다." 라고 하신다. 그러자 "난 다리부터", "난 머리부터" 여기저기서 나름 불편한 곳들을 이야기하며 드시는 모습이 순도 100%의 어린아이들 모습 그대로다.

그렇게 즐거운 점심시간을 보내고 청소공장을 견학한 후 오늘의 마지막 일정인 관광협회 주관 환영회가 열리는 회장으로 이동했다. 널찍한 회장에 밝은 조명과 어우러져 아기자기 예쁘게 장식된 음식들. 분위기는 사뭇 활기차나 도시마구 관계자들이

워낙 많아 우리 대표단이 위축되면 어쩌나 살짝 걱정이 된다. 가뜩이나 도시마구와 함께하는 마지막 공식일정이라 우리 대표단의 기분을 한껏 띄워드리고 싶은데 말이다.

내가 할 수 있는 것이라곤 통역뿐이라 우리 청장님의, 우리 의장님의 말씀 하나하나가 가장 진실되게 전해지도록 나의 한마디 한마디에 열정과 진심을 가득 담으니 그런 나의 마음이 그들에게 고스란히 전달되는 모양이다. 우리 대표단의 얼굴에 미소가 흐르고, 도시마구 사람들의 표정에서조차 희색이 만면하니, 통역이 끝났을 때는 이미 동대문구 도시마구가 따로 없다. 모두가 하나가 되어 만족, 대만족이다.

도시마구 의장님을 비롯하여 관광협회의 많은 분들까지 "김상 덕분에 오늘 우리가 하나가 되었다."며 감사하다, 멋졌다 등 칭찬의 말을 아끼지 않는다. 둑에 작은 구멍 하나가 만들어진 것 같은 참으로 감동스러운 밤이다.

우리 대표단의 마지막 날 🚲
- 도쿄황거와 요코하마 중화거리ﾍﾍﾍ

🌸 우리 대표단과의 마지막 날이라 생각하니 나도 모르게 울적해지는 자신을 달래며 함께 간 첫 방문지는 도쿄황거의 '니쥬바시(二重橋)'. 이는 황궁 앞 광장에서 정문을 거쳐 황궁에 이르는 해자(垓字)에 걸쳐진 두 개의 다리를 말하는 것으로, 앞의 다리가 정문 돌다리이고 안쪽의 다리가 정문 철교이나 엄밀히는 안쪽의 철교를 말한다고 한다. 평시에는 사용되지 않다가 신년

01 니쥬바시 다리

02 샌디에이고에서 기증받았다는 물의 여신상

인사나 외국 귀빈 방문 등 공식 행사에 이용된다고 하는데 멀리 떨어져 있을 때는 겹쳐져서 감쪽같이 하나의 다리로 보이지만, 가까이서 보니 정말 두 개의 다리다. 날씨가 쾌청하여 다리가 수면에 비쳐지니 대칭으로 된 그 모습이 더욱 아름답다.

돌아 나오는 길에 들려주는 가이드의 설명에 따르면, 황거외원은 흑송이 점재(點在)하는 대형 잔디광장과 에도성의 모습을 간직하고 있는 수로, 성문 등의 역사적 건축물이 조화를 이루어 일본을 대표하는 공원으로 사랑받고 있다고 한다.

이어 요코하마 중화거리에서 식사를 하고 야마시타공원의 벤치에 걸터앉으니, 눈앞으로 펼쳐지는 요코하마 도심 미나토미라이 21구역의 모습, 바다에 계류되어 박물관으로 공개되고 있는 1930년대를 대표하던 화물선 히카와마루, 샌디에이고에서 기증받았다는 물의 여신상 등이 눈을 즐겁게 해준다. 공원 자체도 아름답거니와 탁 트인 바닷가는 속세의 묵은 때까지 벗겨낼 것 같은 청량감을 제공하니, 마음 속 묵은 때를 한 꺼풀은 벗겨내고 일어나고 싶다. 얼마나 시간이 흘렀을까. 공항으로 가야 하니 차에 오르라는 가이드의 목소리가 들려온다. 마침내 우리 식구들과 헤어져야 할 이별의 시간이 다가온 것이다.

긍정에너지로 가득한 대표단 여러분과 함께할 수 있어 정말 행복했는데, 3박 4일이라는 시간이 이렇게 꿈처럼 지나가다니. 한 분 한 분 게이트로 들어갈 때마다 이별의 아픔이 조금씩 크게 다가온다. 끝내 넘쳐 나오는 눈물을 억제할 길 없어 엉엉 울어버리니 반가웠던 마음이 컸던 만큼 헤어짐의 아픔이 더욱 크게 다가옴을 어찌할 도리가 없다.

한참을 더 서럽게 울고 나서야 가까스로 진정을 하고 집으로 돌아오는데, 캐리어를 끌고 터덜터덜 돌아오는 내 모습이 그리 처량하게 느껴질 수가 없다. 3박 4일간 비워 두었던 집에 들어서니, 그 서러움이 다시 한 번 온몸으로 다가와 세게 부딪힌다.

한참을 그리 서럽게 울다가 잠이 드니, 눈앞에 화창한 봄날의 전경이 펼쳐진다. 얼굴에 미소를 가득 담고 대표단 분들과 따뜻한 햇살을 맞으며 꽃구경에 여념이 없는 내가 보인다. 잠시 후 정신을 차리고 보니 일장춘몽. 아쉽게도 꿈이다.

아픈 가슴 쓸어내리며 이분들의 인연을, 이분들과의 즐거웠던 추억들을 에너지로 삼아 남은 한 달 더 분발해야겠다고 다짐한다.

chapter **6**

6개월의 마침표

천 년의 수도, 교토로의 2박 3일 💡

10월 6일 일요일

🐼 드디어 일본의 천 년 수도 교토, 그 교토로 2박 3일간 여행 길에 오르는 날이다. 수학여행 떠나는 여고생처럼 사뭇 들떠 신 칸센을 타는 곳으로 이동했다.

마침내 상견례를 하게 된 신칸센, 입이 뭉툭하니 생긴 것이 얼 핏 KTX와도 닮은 것 같아 보인다. 창밖으로 펼쳐지는 경치를 보다가 졸다가 드디어 도착한 교토역. 개찰구를 나오니, 관광버 스와 가이드가 대기하고 있다가 올라타기 무섭게 출발한다.

버스가 일본에서 최초로 건설되었다는 메이신 고속도로(名神 高速道路)로 들어선 지 얼마나 지났을까. 오른쪽 차창을 내다보 라는 숨 가쁜 가이드의 멘트에 따라 밖을 내다보니 특이한 형상 의 탑이 눈에 들어온다. 안내에 따르면 과거·현재·미래를 나타 내는 3개의 얼굴을 가지고 있는 게 특징인 〈태양의 탑〉으로 오 사카부의 스이타시(吹田市)에 있으며 오카모토타로(岡本 太郎)의 작품이라고 한다.

이어서 계속되는 가이드의 이야기들, 고베는 하코다테(函館),

규수의 나가사키와 더불어 일본의 3대 야경중 하나이며, 마라 톤, 와후(和風) 센베이의 발상지라고 한다. 그 외에도 현재 고베의 랜드마크는 180미터의 포토타워라는 이야기며, 고베에서 제일 높은 건물은 37층짜리 고베시청이라는 이야기, 2011년 3·11 대지진이 쓰나미로 대표되는 것과는 달리 1995년 고베지진은 화재가 주 재앙이었다는 이야기까지 설명이 끝이 없다. 또한 철도가 놓이기 전에 교토, 오사카 지역의 수상로로 활용된 비와코(琵琶湖)는 바이칼호와 탕가니카호에 이어 세계에서 세 번째로 오래된 호수로, 약 4백만 년 전에 형성되었다는 등 이 지역에 관한 이런저런 이야기를 곁들여 들려주니, 지루할 새가 없다.

이어 도착한 난킨마치(南京町). 고베 관광요지로 사랑받고 있다는데, 규모는 요코하마 중화거리의 1/2수준인 축소판이나 일본 3대 중화거리의 하나로 일컬어진다고 하며 가격은 이케부쿠로에 비해 절반 수준이다. 이어 고베 기타노 지구 이인관(神戶北野地區異人館)으로 이동하니 메이지개항으로 증가한 서양인들이 예전 일본에 들어와서 생활하던 집이며 가구 등을 그대로 놓아둔 채 관광자원으로 활용하고 있는 곳이다. 추천 코스는 모에기노칸(萌黄の館)과 가자미도리노칸(風見鶏の館) 두 곳이다.

처음 방문한 가자미도리노칸은 독일인 무역상 고드프리트 토마스씨의 자택으로, 유능한 건축가 게오르그 데 라란데(Georg de Lalande)가 1900년 초기에 지은 것이다. 이인관 중 유일하게 외벽이 벽돌로 되어 있어 중후한 멋을 자아내는데, 첨탑 위의 풍

01 차이나타운 난킨마치

02 난킨마치의 입구 장안문

향계도 매우 유명하여 현재 기타노쵸(北野町)의 상징적인 존재가 되었다. 특히, 가자미도리는 수탉의 모양을 본 떠 만든 풍향계로 이는 수탉이 경계심이 강하다는 특징으로부터 악귀를 쫓는 의미나 기독교의 교세를 확장한다는 의미도 있다고 한다.

이어 방문한 모에기노칸은 1903년에 미국 총영사의 저택으로 건축된 목조 2층 건물이다. 화려한 의장이 눈에 띄는데, 1944년에 전 고베전철 사장의 집이 되었고, 지금은 국가 중요문화재로 지정되어 있으며, 2층 베란다에서는 고베항까지 바라보이는 멋진 전경이 펼쳐진다. 특히 1995년 한신 대지진 때는 굴뚝이 떨어지는 등 큰 피해를 입었으나 1년에 걸쳐 수복되고 그때 떨어진 굴뚝은 당시의 형태 그대로 보존되어 있어 지진 피해의 일면을 보여주고 있다.

마지막으로 찾아간 우로코노이에와 우로코노 미술관. 이인관 중 최초로

03 가지마도리노칸

공개된 우로코노이에는 국가지정등록
문화재로 외국인을 위한 고급 임대 주
택으로 지어졌는데, 건물의 외벽과 많
은 천연석의 슬레이트가 물고기의 비
늘을 닮아 '우로코노이에'란 애칭이 생
겨났다고 한다.

04 모에기노칸

　내부 인테리어도 옛날 그대로여서,
앤티크 가구와 뛰어난 장식품 외에도
유럽의 왕실이 애용했던 화려한 도자
기 등이 그 아름다움을 자랑하고 있다.

　우로코노 미술관은 회화의 보고(寶
庫)로, 주로 유럽과 러시아의 근·현대
회화를 수집하고 있는데 마티스·위트
릴로·뷔페 등 저명한 화가의 걸작도
전시되어 있다. 그림 중에는 한쪽 눈
을 질끈 감고 혀를 쑥 내민 코믹한 모
나리자 그림이 있어 웃음을 자아냈다.
특히 3층은 러시아 회화의 전시공간으
로, 항구 중심의 고베시 거리를 조망
할 수 있어 전망대로도 인기가 높다.

05 한신대지진 때 떨어진 굴뚝

　이인관을 떠나 유람선을 타고 고베
항 일대를 둘러보니, 포토 타워를 비

06 우로코노이에 전경

07 코믹한 모습의 모나리자

롯해서 흰색의 배 모양을 한 해양박물관과 반달 모양의 오리엔탈 호텔 등이 아름다운 자태로 눈길을 잡아끈다.

이어 오늘의 마지막 코스인 롯코산(六甲山)으로 차를 달리니, 차창 밖으로 롯코산을 오가는 케이블들이 눈에 들어오는데 정상까지는 제법 꼬불꼬불한 길이 계속되어 예전 대관령 고갯길이 연상된다. 잠시 한국의 고향 산천 길을 달려가고 있다가, 롯코산은 고베 지진 시 북쪽으로 9㎝ 정도 이동했다는 가이드의 설명에 퍼뜩 정신이 돌아온다.

산 정상에 도착해 저녁식사를 하는데 아름다운 고베시내의 야경을 바라보며 먹는 저녁 맛이 그야말로 꿀맛이다.

08 포토타워(좌)와 고베해양박물관(우)

09 반달 모양의 오리엔탈 호텔

오사카 성 천수각(天守閣)으로 가기 위해 호텔을 나섰다.

천수각은 일본 천하통일을 이룩한 도요토미 히데요시(豊臣秀吉)가 처음 축조한 오사카 성의 상징 건축물이다. 빈농의 아들로 태어난 그는 한국에서야 임진왜란을 일으킨 극악무도한 사람으로 통하지만, 일본에서는 저 밑바닥에서 통치자의 자리까지 오른 불세출의 영웅이다. 권좌에 있을 때 5층 8단에 검은 옻칠을 한 판자와 금박 기와, 금장식을 붙인 호화로운 망루형 천수각을

01 천수각

02 샤치호코(좌)와 후세토라(우)

03 타임캡슐 EXPO'70

04 오사카의 상징 통천각

05 소원을 이루어준다는 빌리켄상

완성하고 최고 권력자의 권위를 마음껏 과시했으나, 본인의 사후 아들을 부탁했던 도쿠가와이에야스(德川家康)에게 오히려 패배를 당해 오사카 성도 천수각과 함께 불타 버렸다.

이에 도쿠가와에 의해 오사카 성 천수각이 재건되나 이 또한 1860년 메이지유신 때 소실되고, 지금 남아 있는 성은 세 번째의 건물이라고 한다. 특히 지금의 천수각은 1931년 오사카 시민으로부터 150만 엔(지금의 600억 엔 정도의 가치라 함)의 기부금을 받아 재건된 것이라고 하는데, 최상층 전망대에서는 넓은 오사카 성 공원이며 고층 빌딩, 멀리는 롯코산도 보인다.

성은 특히 장식성이 높아 용마루의 끝에는 '샤치호코(鯱)'라고 해서 호랑이 얼굴에 물고기모양을 하고 있는 상상의 동물을 장식기와로 쓰고 있고, 성 최고층 바깥 가장자리 판자에는 후세토라(伏虎)라고 해서 엎드린 모양의 호랑이 8마리가 장식되어 주위를 제압하고 있다.

또한 천수각내 박물관에는 도요토미 히

데요시의 일생을 디오라마*로 보여 주는 코너도 있고, 그의 자필 사세구(辭世句)* 초고, 전투의 모습이 담긴 병풍 등 다수의 역사자료를 전시하고 있다. 관람을 마치고 돌아 나오는 길에는 성내에 있는 타임캡슐 EXPO'70도 보게 되었는데, 이는 1970년 일본 마이니치 신문사와 마츠시타 전기회사가 공동으로 제작하여 묻은 것으로 5,000년 후인 6,970년 개봉을 기다리고 있다고 한다.

이어 차를 달린 곳은 신세계 통천각(通天閣). 오사카 사람들 마음속의 상징으로 예전에는 새로운 문물이 유입되는 곳이라 '신세계'로 불렸는데 도쿄타워를 설계한 나이토타츄(內藤多仲)*의 작품이라고 한다.

전망대로 올라가니 통가리머리에 눈꼬리가 올라가고 재미난 표정을 한 빌리켄상이 있어, 발을 문지르면서 소원을 빌면 이루어진다고 한다. 이에 너도나도 빌리켄상을 안고 발을 문지르니, 나도 순서를 기다려 발바닥을 문질렀다. 그간 얼마나 많은 사람이 다녀갔는지 발바닥이 반들반들하다. 빌리켄 덕분에 이곳에서는 일본의 일반적인 칠복신순례 대신에 '팔복신순례'가 있다고 한다.

특히 통천각은 1974년 히타치 전자가 기상대 및 통천각 타워를 전용 회로로 연결하면서, 간단한 색상 조합으로 내일의 날씨를 알려 주어 밤하늘의 상징으로 사랑받고 있다고 한다.

　빌리켄에 소원을 빈 후 스미요시다이샤(住吉大社)로 가니 현존하는 본전은 모두 1810년에 건축된 것으로, 서쪽을 향해 있다. 제1본전에서 제3본전까지는 직렬로, 제4본전과 제3본전은 병렬로 배치된 특이한 구조인데 4동 모두 국보로 지정되어 있다. 새해 0시 정각이 되면 한 해 행복을 기원하는 사람들로 붐벼, 정초 사흘간 참배객 수가 매년 200만 명을 넘을 정도라고 하는데 오사카 사람들은 이 신사를 애칭으로 '스미요시 상' 혹은 '스미욧 상'이라고도 부른다고 한다.

　특히 매월 첫 번째 용띠 날인 초진(初辰)에 참배를 시작해 4년을 일단락으로 48번 참배하면 모든 소원이 이루어진다고 전해지는 스미요시 특유의 핫타츠마이리(初辰まいり)는 전국적으로도

매우 유명하여 많은 사람들이 찾아온다고 한다. 특히 장사번성을 위해 많은 사람들이 멀리서까지 이곳을 찾아온다고 한다.

우리가 방문하였을 때는 마침 시치고상(七五三)마이리와 오미야마이리(お宮参り)를 하는 사람들을 만날 수 있었는데, '오미야마이리'란 아기가 태어난 지 한 달 만에 아기가 건강하게 자라기를 기원해서 참배하는 것이고, '시치고상마이리'란 3세, 5세, 7세가 되는 어린이들의 성장을 축하하기 위해 신사나 절을 참배하는 것이다.

끝으로 찾아간 곳은 전국적으로 유명하여 많은 사람들이 찾아온다는 난바그란도가케츠. 요시모토 크리에이티브 에이전시가 운영하는 만담·희극 전문극장으로, 캐치카피는 웃음의 전당이다. 텔레비전에서 낯익은 중견부터 젊은 인기 연예인까지 두루 출연하며 연중무휴다. 극장에는 관서지방 최초라는 AKB48* CAFE & SHOP NAMBA도 있고, 일본에서 가장 길다고 자랑하며 판매하고 있는 감자 스틱 스낵가게도 있고, 요시모토 인기 연예인의 캐릭터상품 등 요시모토 상품이라면 뭐든 살 수 있는 매점도 있다.

07 난바그란도가케츠

희극 공연을 끝으로 오늘의 투어 일정이 마무리되니 오늘의 일지에 새로운 방문지 하나가 추가되는 순간이다.

✈ 🌲 🏠 🕐 🚲 💡

* 디오라마(diorama) : 적절한 배경 앞에 소품들을 배치한 후 조명하여 실물처럼 보이게 하는 장치.

* 사세구(辭世句) : 죽을 때 남겨놓는 시가.

* 나이토타츄(内藤多仲. 1886~1970) : 일본의 건축학자. 일명 '탑박사'로도 불리며 '내진구조의 아버지'라는 평을 받고 있다.

* AKB48 : 2005년 12월에 만들어진 일본의 여성 아이돌 그룹.

일본 100대 벚꽃 명소 중 하나인 아라시야마(嵐山)는 헤이안시대(794~1185)에 귀족들의 별장이 된 이래 교토의 대표적인 관광지가 되었다고 한다.

우리가 처음 방문한 곳은 호린지(法輪寺).

성덕태자와 관련 있는 3개의 우물이 있던 것에서 삼정사라는 별칭을 갖고 있기도 한데, 그 우물 셋 중 하나는 지금도 남아 있어 국가 사적으로 지정되었다. 경내에는 전기·전파의 신을 모신 덴덴구(電電宮)가 있어 전기·전파 관계자로부터 숭앙받고 있으며, 본존으로 모시는 고쿠조보살(虛空藏菩薩)은 크고 넓은 지혜와 자비로 많은 소원을 이루어준다고 하는데 특히 범의 해와 소의 해에 태어난 사람들의 수호본존이라고 한다. 그래서인가

01 호린지 경내 소와 호랑이의 상

본전 앞에는 좌우로 빨간 에이프런을 두른 소와 호랑이의 상이 있어, 보는 이로 하여금 미소짓게 한다.

본전에서 내려다보는 아라시야마는 강과 산으로 둘러싸인 그 풍광이 무릉도원에라도 와 있는 듯한 착각마저 불러일으켜 답답한 가슴을 뻥 뚫어지게 한다. 13살이 되는 어린이의 행운과 행복을 기원하는 '13살 참배'로 유명한 호린지를 나와 덴류지로 가기 위해 발길을 옮기다 오오코우치 산장으로 가는 길로 접어들었다. 가는 길목에 '인연 맺기', '진학기원'에 효험이 있다는 노노미야 신사(野宮'神社)*를 지나 대나무 산책길로 들어서니 사람들에게 인기가 높은 '아라시야마 다케바야시(嵐山竹林)'라고 한다. 쭉쭉 곧게 뻗은 대나무들이 양쪽으로 늘어서 있는 숲길을 따라 걸으니, 걷는 것만으로도 치유가 될 것 같고 밑에서 올려다보는 대나무 마디는 일정한 간격으로 도안된 기하학적 무늬 같다.

뜻밖의 진풍경에 연신 감탄의 소리를 내뱉으며 사진을 찍어대다 도착한 곳은 오오코우치 산장. 들어갈까 말까 망설이고 있으니 안내소의 직원 왈 "오오코우치 산장은 남성적인 매력으로 일대를 풍미한 배우 오오코우치덴지로(大河内傳次郎)*

02 아라시야마 다케바야시

가 축조한 별장으로 회유식 정원입니다."라며, 한번 들러 보고 갈 것을 권한다.

안으로 들어가자 바로 보이는 산장, 녹음으로 둘러싸여 양지 바른 곳에 나지막하게 지어진 '저 푸른 초원 위에 그림 같은 집'이다.

속세를 떠나 녹음이 우거진 이곳에서 따뜻한 햇볕을 받으며 생활하다 보면, 몸과 마음의 상처가 절로 치유될 것만 같다. 남은 시간이 얼마 없어 순환형 산장을 서둘러 한 바퀴 돌고 덴류지(天龍寺)로 걸음을 옮겼다.

세계유산으로도 등록되어 있는 덴류지. 임제종*의 교토 5대 사찰* 중 으뜸으로, 1339년에 창건된 이래 여러 차례의 큰 불로 인해 소실되고 현존하는 것은 메이지시대에 재건된 것이다. 경

04 항공안전의 비운관음 　　　　　　05 소겐치 정원

내에 있는 소겐치 정원(曹源池庭園)은 일본 최초의 사적 명승지
로 지정되어 있는데 약 700년 전 무소소세키(夢窓疎石)* 국사가
설계할 당시의 모습을 간직하고 있다. 특히 뒤에 보이는 산은
정원의 일부인 듯 보이는 소위 차경식 정원(借景式庭園)*이다.
정원 왼편에는 덴류지 최대의 건물인 대방장이 있고, 대방장에
모셔진 석가여래좌상은 덴류지 화재 시에도 화를 면해 덴류지
불상 중에서도 가장 오래된 것이다.

　　다음으로 우리 일행이 향한 곳은 야사카 신사(八坂神社). 신사
마다 특별한 공덕이 있는 듯하니 본전은 액과 재앙을 없애 주는

06 야사카 신사 경내 　　　　　　07 교토 식당에서 후식으로 접시에 나온 야츠하시

신이, 우츠쿠시고젠샤(美御前社)에는 몸과 마음을 아름답게 해준다는 미용의 신이 모셔져 있어 젊은 여성들의 참배가 많다. 또한 도로변에 있는 오렌지색의 하모노샤(刃物社)는 모든 곤란을 잘라 내고 행운을 가져온다고 하여 하모노(刃物) 즉 날붙이를 사용하는 사람들의 수호신이다.

하모노샤 앞으로 펼쳐진 도로를 따라 상점가를 구경하다 여학생들의 이야기소리를 듣고 맛있다는 식당으로 들어갔다. 메뉴를 주문하니 후식으로 야츠하시(八ツ橋)가 나오는데 맛은 찹쌀떡과 같고 얇은 피에 팥소가 들어 있는 것이 납작하게 눌려진 삼각모양이다. 교토에 관광 오는 사람들 40% 이상이 살 만큼 교토를 대표하는 기념품이라고 한다.

교토를 떠나 차를 이동하니 기요미즈데라(清水寺)다. 1994년에 세계문화유산으로 등록되어 연중 관광객이 끊이지 않는다고 하는데 산중턱 낭떠러지에 건립되어 있어 불안해 보이기는 하지만, 올라가서 내려다보는 교토 시내 모습이 장관이다.

08 기요미즈데라   09 기요미즈데라 삼층탑   10 지슈 신사 입구

무엇보다 앞이 뻥 뚫려 있어 산속의 맑은 공기와 더불어 몸과 마음이 청정해지는 기분이다. 들어가면서 곧장 만나게 되는 삼층탑은 일본 최대급으로 높이가 30.1미터에 달하며, 기요미즈데라, 교토히가시야마(京都東山)*의 심벌로 널리 알려져 있다. 또한 경내에는 인연을 맺어 주는 것으로 유명한 지슈 신사(地主神社)가 있어, 늘 청춘남녀로 북적인다고 하는데 우리가 갔을 때에도 여기저기 커플족으로 혼잡하다.

본전을 둘러보고 내려오려니 빨간 턱받이를 둘러쓴 조각상들의 재미난 모습이 눈길을 잡아끈다. 일본에서 흔히 눈에 띄는 보살상들의 빨간 앞치마는 도대체 무슨 의미일까 몹시 궁금하여 물었더니, 빨간 색이 악귀를 쫓는다고 하여 신사나 절에서 씌우기도 하고 신도들이 개별적으로 씌워 놓기도 하는데 기요미즈데라의 경우에는 모두 신도들이 씌운 것이라고 한다.

기요미즈데라를 한 바퀴 돌아 내려오는 길에 오토와 폭포를 만나게 되니 예로부터 연명수(延命水)로 불려, 소원을 비는 사람들의 발길이 끊이지 않는다고 하는데 기다리는 행렬이 족히 3~4미터는 되어 보인다. 그 틈에 끼어들어 긴 국자로 세차게 떨어지는 물줄기를 받아 보나, 그게 그리 간단한 것이 아니다. 나름 공을 들여야 받을 수 있으니 그런 까닭에 소원이 이루어지는 건가 싶다.

이야기가 있는 사찰을 떠나 마지막으로 찾아간 곳은 삼십삼간동(三十三間堂). 당(堂) 정면의 기둥과 기둥사이가 33개로 나뉘져 있어 붙여진 이름이라고 하는데 가로 길이가 족히 20미터는 되어 보인다. 국보로 지은 지 700년이 넘는다는 당 내부 중앙에는 관음의 자애로움이 남김없이 표현된 천수관음 좌상이 있는데 이것 역시 가마쿠라시대 후기를 대표하는 명작으로 평가받는 국보라고 한다. 특이한 것은 관음상을 비롯해 그 앞에 있는 다양한 불상들 제작기법으로 몸체는 신체의 각 부분을 조립하는 요세기즈쿠리라는 방식으로 만들어졌으며 눈은 사실성을 높이기 위해

11 빨간 턱받이를 한 지장상

12 오토와폭포

삼삽삼간당

수정을 끼워 넣는 옥안이라는 기법이 사용되었다는 것이다.

　돌아가기 위해 차에 오르니, 끝없이 이어지는 가이드의 설명에도 불구하고 흔들리는 버스에 마음의 긴장까지 풀려 서서히 잠의 나락으로 떨어져 들어가니 가이드의 목소리는 이내 자장가

처럼 들려올 뿐이다.

✈ 🚆 🏠 🕐 🚲 💡

* 노노미야신사(野宮神社) : 교토시 우쿄구(右京区) 사가노(嵯峨野)에 있는 신사. 제신은 황실의 조신이라 불리는 아마테라스오오미카미(天照大神). 껍질이 붙은 통나무 도리이로 고대의 형식을 전하고 있다. 사가노 순례의 기점으로 다케바야시의 오솔길을 나아가면 다케바야시가 끝나는 지점에 오오코우치산장이 있다.
* 오오코우치덴지로(大河内傳次郎, 1898~1962) : 다이쇼(大正), 쇼와(昭和)시대의 영화배우로 전전(戦前)을 대표하는 시대극 스타이다.
* 임제종(臨済宗) : 공안(公案)을 연구함으로써 도를 깨우친다고 보는 종파.
* 교토 5대사찰(京都五大寺刹) : 교토 5대사찰의 대본산인 난젠지(南禅寺)를 시작으로 제1위인 덴류지(天龍寺), 제2위인 쇼코쿠지(相国寺), 제3위인 겐닌지(建仁寺), 제4위인 도후쿠지(東福寺), 제5위인 만쥬지(万寿寺)를 말한다.
* 무소소세키(夢窓疎石, 1275~1351) : 가마쿠라시대 말부터 남북조시대, 무로마치시대 초기에 걸치는 임제종의 선승.
* 차경식 정원(借景式庭園) : 정원 외의 산, 수목, 죽림 등 자연물을 정원의 배경으로 삼는 것으로 전경의 정원과 배경이 되는 차경을 일체화하여 역동적인 경관을 만들어 내는 수법.
* 교토히가시야마(京都東山) : 교토 분지의 동쪽에 있는 산의 총칭 혹은 그 산기슭의 지역.

일본의 결혼식 맛보기, 브라이덜 페어(Bridal fair)

10월 10일 목요일

🌺 리비에라 부사장님의 초대를 받고 찾아간 Bridal fair. 한번도 가 본 적이 없어, 웨딩드레스를 전시하는 것이려니 했더니 그게 아니다. 지하 1층부터 지상 3층까지 드레스 코너를 비롯해서 식사, 후식, 의상, 메이크업, 부케, 사진, 동영상, 답례품 등 결혼식 전 과정 및 용품들이 다양한 콘셉트로 마련되어 있어, 이용하고자 하는 고객들이 금액과 취향에 맞추어 선택할 수 있게 되어 있다.

음식은 물론 하객용 선물도 다양한데 그중에서도 단맛과 짠맛이 더해진 팥소를 넣어 만든 시오세 총본가(塩瀬 總本家)*의 만주는 메이지시대(1868~1912)에는 궁내성 어용으로도 나가는 등 몇백 년에 걸쳐서 이어져 내려오는 유명한 것이라고 한다.

하나하나가 참으로 아기자기 디테일하고 예쁘게 꾸며져 있는데 그 중에서도 부케를 압축 처리하여 액자에 넣어 기념으로 보관하게 하거나 웨딩 케이크를 신랑신부의 취향에 맞추어 축구장, 테니스 코트, 후지산 등 다양한 모양으로 만들어 주는 것은 흥미로웠다.

01 시로무쿠   02 우치카케

　그러나 무엇보다 시선을 잡아끄는 것은 뭐니 뭐니 해도 혼례
의 꽃, 신부의 예복이었으니 신도식 결혼식 때 주로 입는다는
시로무쿠(白無垢)와 예식 후 갈아입는 화려한 색의 우치카케(打
掛) 등이 그것이다. 여성이 입는 흰색 예복인 시로무쿠는 머리에
쓰는 모자와 신발까지 모두 흰색으로 맞춰 입는데, 이는 시가의
가풍에 쉽게 물들기를 바라는 마음을 담은 것이라고 하며 신랑
이 입는 검은색 예복은 무엇도 물들일 수 없다는 강한 의지의 표
현이라고 한다. 식후에는 흰색의 시로무쿠를 벗고 화려한 색의
우치카케로 바꿔 입는데 옷의 색깔이 바뀐다고 하여 색깔이 바
뀐다는 의미의 '오이로나오시(御色直し)'라고 한다고 한다.

　또한 최근 일본에서는 종교에 관계없이 결혼을 교회식으로 하
는 사람들이 많아 이곳에서도 교회식 결혼식장을 준비하고 있는
데, 인기가 높다며 식장을 보여 주신다. 과연 양쪽 창문이 스테
인드글라스로 되어 있고 앞쪽 벽면엔 십자가도 걸려 있어 교회
에 들어와 있는듯한 착각을 불러일으킨다.

　그 외에도 신전식으로 하는 사람들을 위해서는 신전으로 꾸며

03 신도 결혼식 홀

놓은 홀도 있으니, 신전결혼식은 천황이 신전에서 했던 것이 계기가 되어 새로이 등장한 것이라고 한다.

그 밖에도 축하 선물은 현금이 일반적인데 축의금 봉투는 색이나 장식이 화려할수록 축의금이 많아진다는 것이며, 일본에서 결혼 시즌은 6월로 이는 서구 유럽의 관습을 받아들인 탓에 6월의 신부가 가장 행복하다고 여기기 때문이라는 등 쉬이 이야기의 끈을 놓지 않으시니 하나라도 더 전해 주고 싶어 하시는 그 마음이 감사하고 또 감사할 따름이다.

✈ 🎄 🏠 🕐 🚲 💡

* 시오세 총본가(塩瀬 総本家) : 650여 년의 전통을 가진 만주 가게. 1349년에 송나라 임정인(林浄因)이 일본으로 건너와 나라에 살면서 만주를 만들어 궁중에 헌상한 것이 일본 만주의 원조라고 한다. 고미즈노오천황(後水尾天皇, 1596~1680)으로부터 '塩瀬山城大掾'의 이름을 받음에 따라 시오세(塩瀬)를 가게 이름으로 하게 되었다.

계획에 없던 하루 💡
 - 우에노 국립과학박물관과 마쿠하리 아울렛

10월 12일 토요일

🌸 일전에 미처 못 다 본 것이 아쉬워 우에노공원 국립과학박물관으로 발길을 돌렸다. 처음 찾아간 곳은 일본관. 일본 열도의 자연과 형성과정, 일본 열도에 서식하는 생물들의 진화, 일본인의 형성과정 등이 전시되어 있는데, 특히 인상적인 것은 각종 지진계의 발달에 관한 전시다. 일본에서 지진에 대해 연구가 시작된 것은 메이지시대에 들어서면서부터라는 관계자의 설명을 들으니, 자연환경은 과학의 연구 분야에까지 영향을 미치는구나 싶은 생각에 새삼 자연의 위대함에 고개가 수그러진다.

과학에는 흥미가 없어 별 기대 없이 찾은 지구관. 그러나 반전의 순간

01 우에노공원의 무료급식 행렬

이었다. 지하 3층에서 지상 3층까지 차지하고 있는 공간에 '지구 생명 역사와 인류'라는 주제 하에 지구환경 변동과 생물진화, 지구의 다양한 생물들, 과학과 기술의 발걸음, 로켓에 관한 이야기까지 그 규모가 참으로 방대해, 아이들의 과학 학습을 위해 꼭 들러야 할 곳이라는 생각마저 들었다. 별 기대 없이 들어간 과학박물관이 오히려 추천하고 싶은 곳이 되어 버렸으니, 하루 종일 우에노공원만 돌아도 시간이 부족하겠다 싶을 만큼 볼거리가 많은 곳이다. 조금 더 여유롭게 보고 싶지만 시간관계상 미술관 쪽으로 이동하는데, 담장을 따라 길게 늘어서 있는 사람들의 행렬이 보인다. 무슨 일인가 싶어 잠시 지켜보니, 배식을 받고 있는 중이다. 어디서 제공하는지는 모르겠지만, 매주 토요일이면 무료급식이 이루어진다고 하는데 선진국 일본에서 이런 모습이라니! 잠시 정신을 놓고 쳐다보다가 아울렛 매장 가이힌마쿠하리(海浜幕張)로 가기 위해 우에노역에서 열차를 기다리는데, 건너편 전철 차량에 붙어 있는 2PM의 포스터가 내 눈을 확 잡아끈다. 아, 자랑스러운 우리의 아이돌! 재빨리 인

02 열차에 붙어 있는 2PM 포스터   03 마쿠하리 아울렛

증샷 한 컷을 확보하고 가이힌마쿠하리역에 내렸다. 남쪽 출구로 나가니 바로 좌측에 'COACH FACTORY'라고 적힌 큰 간판이 보인다. 그곳이 바로 마쿠하리 아울렛. 1층에는 COACH, KATESPADE, 와코루 등 낯익은 브랜드가 눈에 들어오고 2층에는 아디다스, 나이키, 아식스, 퓨마 등 스포츠 매장이 갖춰져 있는데 한국에서 흔히 보던 EDWIN도 한 편에 매장을 갖추고 있다. 그 밖에 일본 브랜드도 다수 입점 되어 있고, 많은 사람들이 양손가득 물건을 골라 들고 계산대로 향하고 있다. 어디서나 끊이지 않는 아울렛의 인기는 이곳에서도 예외는 아닌가 보다.

10월의 화려한 축제, 요사코이마츠리 💡

10월 13일 일요일

🌸 '축제의 나라, 일본'이라고 해도 과언이 아닐 만큼 지역별로 시기별로 끝없이 축제가 이어진다. 도시마구의 경우, 10월은 후쿠로마츠리가 개최되는데, 전반은 후쿠로마츠리가 후반은 요사코이마츠리가 열린다. 오늘의 이벤트는 후쿠로마츠리의 클라이막스인 동경요사코이. 춤을 주체로 한 참가자 집약형의 축제로, 규모 확대나 집약효과가 가능해서 단기간에 각지로 전파되었고 급기야 1999년에는 고치현(高知縣)에서 제1회 요사코이 전국대회가 개최되었다고 한다.

01 요사코이마츠리

나루코

東京よさこい

02 나루코

　오늘 행사장은 이케부쿠로 니시구치 공원 등 8개 장소로 전국에서 모인 요사코이 애호팀들이 그간 갈고 닦은 화려한 춤 솜씨를 자랑한다. 춤사위도 역동적이거니와 화려한 무대화장, 팀마다의 아름다운 의상이며 소품 등도 훌륭한 볼거리다. 참가자들은 '나루코(鳴子)'*라는 딸랑이를 들고 딱딱 소리를 내면서 테마곡에 맞추어 춤을 추기도 하고, 일본풍으로 된 메인 의상 안에 여러 겹의 옷을 입고 있다가 겉옷을 빠르게 벗어 버리는 퍼포먼스를 하는가 하면, 의상 뒤 허리춤에 부채며 소품양산 등을 넣어 두었다가 꺼내들어 여러 가지 연출을 하며 관객들의 시선을 붙잡아 둔다.

　보는 재미뿐 아니라 활기찬 음악 리듬에 시간가는 줄 모르니, 주변을 둘러봐도 누구 하나 자리 뜰 생각을 않고 무대에 시선이 고정되어 있다. 그뿐만이 아니다. 리듬에 맞추어 몸을 들썩거리는 모습도 종종 눈에 띈다. 에너지가 넘쳐나는 요사코이 참가자들의 공연무대를 보면서 조용하리라 생각했던 일본인에 대한 인식이 바뀌어지는 순간! 춤사위에 몰두한 그들의 열정적인 모습을 보며 이들의 새로운 일면을 발견하게 되었다.

　콘테스트 무대 좌우로는 우호도시의 관광물산전도 마련되어 있어 보는 즐거움에 먹는 재미까지 가미되니, 일찌감치 매진사

레에 돌아가는 부스마저 보인다. 관내행사라 별 기대를 않았던 오늘, 꽤 만족도가 높아지는 날이다.

✈ 🌲 🏠 🕐 🚲 💡

* 나루코(鳴子) : 소리를 내는 도구의 하나. 손에 쥔 후 집게손가락과 엄지 손가락 사이에 가볍게 끼우고 팔을 휘어지게 하는 것이 요령. 나루코를 요 사코이 춤에 도입한 것은 고치시(高知市)의 요사코이마츠리라고 알려져 있 으며, 전후에는 타악기로 연주에 사용되게 되었다. 까챠, 까챠 하는 또렷하 고 경쾌한 음이 춤에 리드미컬한 템포를 주어 나루코를 흔들면 자연스레 몸 이 움직이기 시작한다.

아름다운 야경
- 아키하바라에서 롯본기힐즈까지

10월 14일 월요일

🌼 공휴일인 10월 14일은 1964년 도쿄 올림픽 개최를 기념하여 만들어진 체육의 날로 이날은 지역별로 많은 학교에서 운동회가 열리기도 한다.

일찌감치 차비를 하고 나선 곳은 도쿄에서 가장 큰 전자제품 전문 매장인 요도바시아키바. 아키하바라 역에 내리면 바로 지척에 있는데 지하 6층, 지상 9층의 넓은 매장에 전자기기뿐만 아니라 악기, 서적, 안경에, 골프용품까지 그야말로 없는 거 빼고 다 있는 곳이다. 특히 각종 브랜드의 핸드백이 구비되어 있어 저렴한 가격에 브랜드 상품을 갖고 싶다면 한 번쯤 들러 볼 만한 곳이다.

뒤이어 찾아간 곳은 가장 오래된 신사 중 하나로 1,300년의 역사를 지닌 간다묘진(神田明神). 에도시대(1603~1868) 동경의 수호 신사로 폭넓은 숭배를 받았을 뿐 아니라 간다(神田), 니혼바시, 아키하바라, 츠키지 수산시장 등 동경 중심 108개 지역의 수호신이며, 메이지천황도 참배하였다고 한다. 도쿠가와 이에야스

01 간다묘진즈이신몬*

도 천하를 놓고 겨루는 세키가하라(関ヶ原) 교전 시 이곳에서 받은 승리부적으로 이길 수 있었다고 하는데, 가내평안, 인연 맺기, 사업번창, 질병치유, 액운 제거 등에도 좋은 수호신으로 통한다.

마침 내가 방문하였을 때에는 새로 산 차의 부적을 받기 위해 신전에 예물을 올리는 이를 발견할 수 있었다. 60종류 이상의 부적을 주고 있는 영험한

02 간다묘진 경내

03 유시마세이도의 유일한 목조 건조물 입덕문

04 유시마세이도 공자상

05 니코라이당

신사인 때문인지, 1945년 동경 대공습 때도 약간의 손상만 입었을 뿐 큰 피해를 모면했다고 한다.

간다묘진을 떠나 찾아간 곳은 유시마세이도(湯島聖堂). 1923년 관동 대지진시 입덕문(入德門), 수옥(水屋)을 제외하고는 모두 소실됨에 따라 1935년 재건 당시 철근 콘크리트로 바꿨다고 하며, 현재 성당(聖堂) 내의 유일한 목조 건조물은 입덕문(入德門)이다.

경내에는 특이하게도 공자 동상이 있는데, 이는 중화민국 태북시 라이온스클럽으로부터 기증받은 것으로 높이가 4.57미터, 중량이 약 1.5톤에 달하여, 공자 동상으로는 세계 최대이다.

발걸음을 재촉해서 다시 찾아간 곳은 니코라이당. 일본정교회의 교회이나 러시아정교회에 의해 일본에 정교가 전래되면서, 건물 형태와 성가 등은 러시아 정교회의 것을 계승하고 있다. 녹청을 두른 높이 35m의 돔 지붕이 특징으로 이는 일본 최초이자 최대 규모의 본격적인 비잔틴 건축 양식이라고 한다.

관동 대지진시 큰 피해를 입었다고 하며 현재는 일본의 중요문화재로 지정되어 있는 니코라이당을 뒤로하고 발길을 향한 곳은 도쿄 미드타운. 광활

06 국립신미술관 전경

한 녹음과 6개의 건물로 되어 있는 새로운 스타일의 복합도시. 일본 디자인을 세계에 넓혀 가는 거점으로, 거리 곳곳에 예술이 살아 숨 쉬며 도심생활에 양질의 일상을 제공하고 있다.

미드타운을 나와 이동한 곳은 롯본기 재개발 사업의 일환으로 2007년에 오픈한 일본 다섯 번째 국립미술관인 '국립신미술관'. 연면적이 14,000㎡에 달해 일본 최대의 전시 공간을 자랑하는데 벽면에는 나무를 사용하여 아늑함을 연출하고 파도처럼 넘실거리는 곡선의 유리벽은 환상적인 아름다움을 자랑한다. 특히 이곳은 다채로운 전시회를 개최하는데, 지하 1층~지상 4층의 공간에 열 개의 전시회가 동시에 가능한 새로운 유형의 미술관이라고 한다.

유리벽이 특징적인 건물 디자인은 건축가 구로카와 키쇼(黑川紀章)가 외관의 아름다움과 환경과의 조화를 생각하면서 설계했다고 하는데, 지진이 일어나도 그 흔들림을 적게 하는 구조로 건립되어 미술관에 오는 사람과 전시된 작품을 보호할 수 있도록 되어 있다. 건물 제일 앞쪽에는 우산 보관소를 별도로 만들

어 작품들이 우산에 닿아 손상되지 않게 하였으며, 유리에는 물방울 모양의 조각들을 붙여 두어 미술관에 들어오는 일광의 양과 열을 적게 하는 역할을 하게 함으로써 미술관 안이 너무 뜨겁거나 눈부시지 않도록 고안되었다. 단순히 내진설계를 넘어 세심한 부분까지 배려한 것이 참으로 인상적이다. 아름다운 미술관을 뒤로 하고 발걸음을 재촉한 곳은 롯본기힐즈. 2층 티켓 발권소에서 도쿄시티뷰 전망대와 모리 미술관 관람권을 구매한 후, 53층에 자리한 모리 미술관부터 둘러보기로 했다. 주로 30~40대 젊은 작가들의 설치예술, 사회 상황을 반영한 작품들이 주류를 이룬다고 하는데 문외한의 눈에도 강렬한 이미지가 전해져 온다.

한 층 아래 전망대에서는 도쿄타워, 스카이트리, 레인보우브리지, 황거정원 등 도쿄의 웬만한 명소는 다 한눈에 들어오는데

07 롯본기힐즈

그 중에서도 가장 가까이 보이는 도쿄타워는 그 화려하고 아름다운 불빛으로 관광객들을 유혹한다. 또한 옥상에 있는 스카이데크는 시야를 가로막는 건물이 없어 360도로 펼쳐지는 조망이 시원한 공기를 쐬며 동경시내를 볼

수 있게 해 주는 특별한 공간이니 누군가 야경스폿을 추천받고
자 한다면 한 번쯤은 가보라고 추천하고 싶은 곳이다.

✈ 🌲 🏠 🕐 🚲 💡

* 즈이신몬(随神門) : 신전에
나쁜 것이 들어오는 것을 막
기 위해 문의 신을 모시는 문.
* 교코몬(仰高門) : 일반 관
람객의 입구가 되는 문.

08 유시마세이도의 교코몬*

에도시대 천하제의 재현, 가와고에 마츠리

10월 19일 토요일

🌼 매년 10월 세 번째 토요일과 일요일은 가와고에(川越) 마츠리가 개최되는 날인데 가와고에시와 도시마구가 우호도시 협약을 체결한 덕분에 구대표로 참가하는 사이토 과장님과 함께 마츠리를 보러 갔다.

'작은 에도성'으로 불리는 관동지방 유수의 관광지. 가와고에는 도쿄에서는 찾아볼 수 없는 내화건축인 구라즈쿠리(蔵造り)*로 유명하다. 이로 인해 1999년에는 국가 중요 전통 건축물군

01 구라즈쿠리

02 마츠리에 운영 중인 도깨비집

보존지구로 선정되었고, 2007년에는 '아름다운 일본의 역사적 풍토 100선'에도 들어가게 되었다. 가와고에역에 내리니 사람들로 넘쳐나는 거리에

03 이바야시 공연

는 도쿄에서는 볼 수 없는 구라즈쿠리 건축물들이 중후한 멋을 풍기고 거리 곳곳에 차려진 포장마차에서는 야키소바*며, 호르몬야끼, 아이스크림 등 갖가지 먹을거리로 행인을 유혹한다. 또한 상가 사이로 띄엄띄엄 보이는 이바야시(居囃子)*에서도 덴코(天狐)*나 어릿광대 등의 가면을 쓴 무용수가 피리·북·징의 리듬에 맞추어 경쾌하게 춤을 추며 흥을 돋우고 있다. 다시 발길을 옮기니 행사장인 시청 앞으로 이동하는 다시들이 여기저기 모습을 드러낸다. 정교한 인형을 태운 호화로운 수레를 일컫는 '다시(山車)'는 가와고에 지역 축제의 가장 큰 특징인데, 에도 시대(1603~1868)의 '천하제'를 재현한 것이라고 한다. 이 축제 중에는 여러 마을에서 각각의 특색 있는 다시를 끌고 나와 구라즈쿠리 거리를 행진하니, 거리는 울긋불긋 화려한 색으로 수놓아져 보는 이들의 눈을 즐겁게 해준다. 귀중한 도시형 제례인 가와고에 마츠리가 가와고에의 독특한 특색을 더하며 360년 넘게 넘게 발전해 오니 2005년에는 국가 지정 중요 무형 민속 문화재가 되었다.

그러나 무엇보다 가와고에 마츠리의 최대 볼거리는 다른 지역의 다시를 만났을 때 경쟁적으로 공연을 펼치는 '힛카와세'*로, 등불을 높이 치켜들고 환성을 올리는 야간의 힛카와세는 그야말로 최절정이라고 한다. 지역을 대표해서 참가하는 만큼 마을끼리의 대항의식에도 영향을 주어, 여러 대의 다시가 마주하여서 하야시*에서 경연을 벌이니 흥이 절로 나게 된다는 것이다.

시청 앞 행사장에 도착하니 모두 다섯 대의 다시가 모여들어 돌아가며 공연을 벌인 후 마을을 돌기 위해 행사장을 빠져나간다. 우리도 그 뒤를 따라 자리를 털고 일어나 가와고에성 혼마루고텐(川越城本丸御殿)을 보러 가니 '혼마루고텐'이란 성주의 주거장소인 동시에 집무장이기도 하며 가신들이 상주하는 방으로 활용되는 것이다. 특히 이곳은 동 일본에서 유일할 뿐 아니라 전국적으로도 귀중한 유구(遺構)라고 한다. 혼마루고텐을 돌아 밖으로 나오니, 찌푸려 있던 하늘에서 마침내 비가 내리고 있다. 마치 곧 있을 우리의 헤어짐을 아쉬워하는 듯.

만남이 있으면 헤어짐도 있는 법이라고는 하지만, 역시 헤어짐은 이 날씨처럼 마음을 스산하게 하는 것 같다.

✈ 🌲 🏠 🕐 🚲 💡

* 구라즈쿠리(蔵造り) : 일본의 전통적인 건축 양식의 하나로, 외벽을 흙벽으로 하고 회반죽 등으로 마무리하는 방식으로 만들어진 건물로 내화성이 뛰어나다.

* 야키소바 : 면에다 돼지고기 등의 육류와 양배추, 콩나물 등의 야채를 함께 볶아 양념하여 만드는 국수 요리. 일본에서는 휴게소 매점 및 스낵 코너 등에서도 판매되는 일반적인 간단한 식사이다.

* 이바야시(居囃子) : 노(能)의 연주형식의 하나. 주로 한 곡의 후반을 춤 없이 노래, 반주와 함께 연주하는 것.

* 덴코(天狐) : 꼬리가 아홉 개인 여우로 영물의 하나. 여우가 천 년을 살면 덴코가 된다. 천 리 앞의 일을 내다본다.

* 힛카와세(曳かわせ) : 여러 대의 수레가 마주보고 피리, 북, 징, 춤 등의 연주로 경쟁하는 것.

* 하야시(囃子) : 피리, 대고, 소고, 북 네 가지 악기 연주로 반주하는 것으로 노래와 노(能)의 신명을 돋우는 것.

여기가 낙원일까 💡
-자신 있게 추천하는 일본정원 순례

10월 21일 월요일

🌼 흔히들 '일본' 하면 온천과 정원을 연상한다. 그럼에도 아직까지 정원을 둘러보지 않은 데 생각이 미쳐 부랴부랴 코스를 정하고 집을 나섰다. 둘러볼 장소는 5곳인데 벌써 10시가 넘었다. 일본의 정원은 입장이 16시 30분까지라 최대한 동선을 단축해서 이동하지 않으면, 자칫 다 볼 수 없을지도 모르다 보니 마음이 급하다.

급한 마음을 달래며 처음 방문한 곳은 미츠비시(三菱)가의 저택으로 지어져 가족 모임이나 개인 영빈관으로 사용되었다는 '구이와사키저 정원(旧岩崎邸庭園)', 조사이야 콘도르*가 설계한 것으로, 오카치마치역(御徒町駅)에 내려 15분 정도 걸어가면 만날 수 있다. 완성 당시는 20동 이상의 건물이 있었지만, 지금은 3동만이 남아 있다. 17세기 영국 쟈코비안 양식*의 화려한 장식이 곳곳에 보이며, 1층의 기둥들은 토스카나식*, 2층의 기둥들은 이오니아식*의 특징을 가지고 있다. 특히 병설된 왜관과의 교묘한 균형은 세계 주택사에서도 드문 것이라고 한다. 또한 저택

01 구이와사키저 정원   02 구이와사키저 정원 당구장 실내

앞에 넓게 자리한 정원은 일본 전통 와식과 서양식을 함께 갖춘 형식으로, 이후 일본저택 건축에 큰 영향을 미쳤다는 설명이다.

서양 동화에 나올 법한 멋진 저택을 나와 고마고메역으로 이동하니 10여분 거리에 구후루카와 정원(旧古河庭園)이 있다. 이곳은 서양식 저택 외에도 서양식 정원과 일본식 정원이 병치되어 있는 것이 특이하다. 마침 내가 갔을 때에는 서양식 정원에서 한창 장미축제 중인데 다양한 종의 장미들이 제각기 뽐내는 아름다움으로 사진작가들에게 꽤나 인기가 있는 듯 보인다. 이곳 역시 저택과 서양식 정원의 설계자는 조사이야 콘도르이고

03 구후루카와정원   04 정원 내 거북이의 나들이

일본 정원은 근대 일본 정원의 선구자라고 하는 오가와지혜(小川 治兵衛)의 작품이다. 몇 안 되는 다이쇼(大正, 1912~1926) 초기 정원의 원형을 남기고 있는 귀중한 존재로, 일본과 서양의 훌륭한 조화를 실현하고 있는 대표적인 사례이며 2006년에 국가의 명승 지정을 받았다.

　장미로 가득한 서양식 정원을 나와 일본정원으로 내려오니, 이곳은 또 다른 별천지다. 마음 '心'자를 본떠 만든 못 앞쪽으로는 말라 버린 폭포며 석조(石組)*가 바라보이고, 뒤로는 석가산이 있다. 속세에서 벗어나 잠시 신선세계에 들어온 기분이랄까. 저택에서 스트레스를 받고 이곳으로 내려와 한 바퀴 거닐다 보면, 세상의 시름을 모두 잊을 수 있을 것만 같다.

05 리쿠기엔

06 하마리큐온시 정원 전경　　　07 하마리큐온시 정원의 해자

다시 발걸음을 부지런히 하여 찾아간 곳은 리쿠기엔(六義園). 고이시카와코라쿠엔(小石川後楽園)과 함께 에도시대의 양대 정원으로 꼽힌다고 하는데, 과연 추천해 줄 만한 곳이다. 돌을 쌓아 산도 만들고 못도 파서 경치를 감상하며 거닐 수 있는 섬세하고 온화한 회유식 정원이다.

에도 시대 영주 정원 중에서도 대표적인 것으로, 메이지시대에 들어서 미츠비시(三菱)의 창업자인 이와사키야타로(岩崎彌太郎)의 정원이 되었으나 후에 도쿄시에 기부하여 1953년에는 나라의 특별명승으로 지정된 문화재이다. 특히 원내에서 제일 높은 후지시로토우게(藤代 峠)에서는 정원의 멋진 전망이 한눈에 내려다보이니, 조망하기에 딱 좋은 곳이다. 특히 수양벚꽃이 만개하는 3월이나 단풍이 물드는 11월에 방문한다면, 더욱 멋진 절경을 감상할 수 있을 것 같다. 내리 세 곳을 돌았더니 발목이 아우성이다.

잠시 숨을 돌리기 위해 벤치에 앉아 눈앞에 펼쳐진 연못이며 석가산(石假山)을 바라보고 있으려니, 여기가 낙원이 아니고 무

08 하마리큐온시 정원의 가모즈카   09 하마리큐온시정원의 오츠타이바시와 나카지마의 찻집

엇일까 싶다. 와 보지 않았다면 정말 후회할 뻔한 곳이다. 잠시
시원한 공기와 함께 휴식을 취했더니, 한결 몸이 가뿐해지는 느
낌이다.

자리를 털고 일어나 다시 찾아간 곳은 하마리큐온시 정원(浜離
宮恩賜庭園). 야마노테선을 타고 하마마츠쵸역(浜松町駅)에서 15
분 정도 걸어가면 도착할 수 있다. 바닷물을 끌어와서 만든 못
과 두 개의 오리 사냥터가 있는 도쿠가와 장군가의 정원으로,
1654년 4대장군이 매 사냥터에 바다를 메워서 별장저택을 건설
했다고 한다.

현존하는 모습은 11대 장군 시대에 거의 완성되었고 이후 메
이지시대에 황실의 별궁이 되면서 현재 이름으로 개명했다고
한다. 관동대지진 등으로 건조물과 수목이 많이 손상되었지만
1945년 도쿄도가 관리를 맡으면서 정비 후 일반에 공개하였고,
1948년에는 국가의 특별명승지 및 특별사적으로 지정되었다.

원내를 돌다가 만난 가모즈카는 그동안 사냥으로 희생된 오리
의 넋을 달래기 위해 세워진 비석이라고 하며 연못 가운데 섬 나

카지마(中島)에는 주변의 전망을 즐기면서 차를 즐길 수 있는 특별한 곳도 있다.

또한 명성을 자랑하는 삼백년송(松)은 꼬부랑 할머니처럼 휘어진 가지들을 바닥으로 드리워 작은 나무숲을 이루고는 그 진기한 모습으로 사람들의 발길을 잡아끈다. 이곳은 특이하게도 아사쿠사로 출발하는 수상버스 선착장도 있으니, 시원한 바람을 가르며 도쿄의 또 다른 아름다움을 맛볼 수 있다. 25만㎡가 넘는 광활한 면적을 자랑하는 이곳을 둘러보려면 기본 두세 시간은 잡아야 될 것 같은데 시계가 벌써 4시가 훌쩍 넘어 버렸다.

오늘 들렀던 곳 중의 최고, 왕 중의 왕인 이곳을 떠나려니 발길이 떨어지지 않지만 어쩔 도리가 없다.

오늘의 최종 목적지를 위해 무거운 발걸음을 가까스로 옮겨 도착한 곳은 구시바리큐온시 정원(旧芝離宮恩賜庭園). 고이시카와코라쿠엔과 함께 도쿄에 남아 있는 에도시대 초기의 대영주 정원 중 하나이다.

10 하마리큐온시 정원의 삼백년송

11 하마리큐온시 정원 수상버스 선착장

12 구시바리큐온시 정원의 세이코츠츠미

전형적인 회유식 천수정원(回遊式泉水庭園)*으로, 관동대지진에 대부분 소실하였으나 1924년 쇼와(昭和)천황의 결혼기념으로 궁내성으로부터 도쿄도로 이관 받아 복구와 정비작업을 한 후 일반에 공개하였다고 한다. 정원의 요체를 이루는 연못은 예전엔 해수를 끌어왔으나 지금은 담수라고 하며, 세이코츠츠미(西湖堤)는 중국의 항주에 있는 서호의 둑의 모습을, 나카지마(中島)는 중국에서 신선들이 살며 불로장생한다는 영산을 본떠 만든 것이라고 한다. 특히 여기엔 궁도장이 있어, 시간당 140엔의 이용료를 내고 장비를 지참해가면 이용할 수 있다.

연못을 따라 정원을 산책하고 있는데 "곧 폐문할 시간이니 정원 안에 있는 사람들은 모두 나가주세요." 하는 안내 방송이 흘러나온다. 어느새 시간이 5시를 향해 가고 있었던 것이다. 마지막 방문지를 빠져나오자, 일본정원 순례를 무사히 마쳤구나 싶은 마음에 나도 모르게 안도의 한숨이 흘러나온다.

✈ 🚢 🏠 🕐 🚲 💡

* 조사이야 콘도르(Josiah Condor, 1852~1920) : 영국 런던 출신의 건축가. 메이지 이후 일본 건축계의 기초를 다졌다. 일본인 여성과 결혼하고 평생 일본을 사랑했던 그는 니코라이당 등 많은 서양식 건물을 설계했으며, 그의 문하생으로는 일본은행 본점과 도쿄역을 설계한 다츠노킨고(辰野金吾)가 있다.

* 쟈코비안 양식(Jacobean style) : 영국 르네상스 양식(1603~1649).

꽈배기나 교자형의 휘장이 이용됨.

* 토스카나식 : 고대 로마의 건축양식으로 기둥의 몸통에 홈을 파지 않고 주추를 댄 것이 특징이다.

* 이오니아식 : 고대 그리스 미술양식으로, 여성적인 경쾌함과 우아함이 특징이다.

* 석조(石組) : 돌의 배치.

* 회유식 천수정원(回遊式泉水庭園) : 일본 정원 형식의 하나로, 원내를 두루 돌면서 감상하는 정원. 회유식 정원은 무로마치 시대에 선종사원이랑 에도시대 영주에 의해 많이 조영된 형식으로 일본 정원의 집대성이란 평가를 받고 있다. 가장 일반적인 형식은 지천(池泉)회유식 정원으로 큰 연못을 중심에 배치하고 그 주위에 원로(園路)를 둘러서 산을 만들고 연못 안에는 작은 섬, 다리, 돌 등으로 각지의 뛰어난 경치를 재현했다. 원로의 곳곳에는 산책 중 휴게소 겸 정원을 조망하는 전망소로 찻집이나 정자를 설치했다.

꿈만 같던 1박 2일 히다타카야마 여행

교토 여행 시 가이드가 추천해 주었던 기후현(岐阜県) 히다타카야마(飛騨高山). 신주쿠역에서 특급열차 아즈사호를 타고 근세 시간을 달려 마츠모토(松本)역에 도착, 1박 2일 함께할 관광버스에 탑승했다. 탑승과 동시에 마츠모토성은 전부 검은색으로 칠해져 있어 '까마귀성'으로도 불린다는 이야기며, '일본 근대 등산의 아버지' 월터 웨스톤에 대한 이야기까지 가이드의 설명이 끝이 없다. 특히 19세기 영국의 선교사였던 월터 웨스톤은 저서 〈일본 알프스 등산과 탐험〉을 통해 자신이 등반했던 가미코치(上高地)와 호타카다케(穂高岳)를 널리 세계에 칭송함으로써 가미코치를 유명하게 하였고, 등산을 취미로 널리 알려 일본 산악회 결성의 계기를 만들었다고 한다.

마침내 도착한 가미코치. 1915년에 야케다케(燒岳)산 대분화 시 진흙이 아즈사가와(梓川)* 강을 막아서 만들어졌다는 중부산악국립공원, '일본의 북알프스'라는 가미코치다. 야케다케산은 지금도 분화활동을 계속하는 활화산으로, 2300년 전 마그마 분

01 가미코치   02 제국 호텔 전경

화에 의해 현재의 산이 되었다고 하는데 2011년 3·11 대지진 이
후에는 지진 발생횟수가 증가했다고 한다.

대정지호텔 앞에 내려 안내간판을 따라 다이쇼이케(大正池)로
내려가니, 오렌지 빛 단풍을 자랑하며 늘어선 나무들의 모습이
강과 어우러져 그야말로 한 폭의 그림 같다. 너무도 아름다운
경치에 입이 다물어지지 않는데, 그 절경이 강을 따라 나무숲을
따라 끝없이 이어진다. 다행히 출발할 때 세찬 바람과 함께 내
리던 비도 멈춰 주니, 걸어가면서 가미코치를 감상할 수 있다는
사실이 너무 감사하다.

비는 멎었으나 표고가 높은 터라 예상외로 날씨가 추워 어디
따뜻한 곳에 들어가 쉬고 싶은 마음 간절한 찰나, 사진을 찍어
주었던 일행 분이 함께 제국호텔로 가자고 한다.

올해로 개업 80주년이 된다는 제국호텔은 알프스를 연상케 하
는 빨간 삼각 지붕과 통나무집 외관이 참으로 아름답다. 특히나
아름다운 자연 풍광 속에 홀로 도도하게 자리하고 있는 것이 공
주님이 길을 잃어 살고 있는 꿈속의 궁전 같다.

호텔 안 중앙에는 천정까지 이어지는 원추형 연통을 단 난로도 설치되어 있어, 불을 지피니 분위기까지 은근하다.

따뜻한 차 한 잔으로 몸을 녹이고 다시 발걸음을 옮겨 도착한 갓파바시(河童橋). 강의 양 끝을 연결하는 통나무 다리로 가미코치를 상징하는 명소이기도 한데, 가미코치를 한눈에 조망하기에 적격인 곳이다. 갓파바시를 건너 고센쟈쿠(五千尺)호텔 앞에서 일행이 합류하자 모두를 태운 버스가 숙소를 향해 달려가니 다시금 이어지는 가이드의 이야기. 나가노현은 18회 동계올림픽 개최지이며 장수마을로 일본에서 두 번째로 큰 사과 산지이고 아즈사가와(梓川) 3대 댐은 미도노(水殿)댐, 나가와도(奈川渡)댐, 이네코키稻核) 댐이라는 이야기도 들려준다. 이야기와 함께 어느새 도착한 히다 호텔. 노천 온천과 다다미 온천이 있다고 한다.

03 제국호텔의 원추형 난로

서둘러 소화를 시킨 후 다다미 온천부터 들어가니, 바닥에 다다미가 깔려 있어 청결해 보일 뿐 아니라 미끄럽지도 않고 마치 방에 앉아 있는 느낌이다.

이어 9층에 있는 노천

04 갓파바시

05 고센쟈쿠 호텔

탕으로 이동하여 작은 욕조에 몸을 담그고 조금씩 흩날리는 빗방울 소리와 함께 살갗에 와 닿는 시원한 공기를 맞고 있으려니 가을밤의 정취를 즐기기에 최적이지 싶다. 잠시 사극의 주인공이라도 된 양 온 세상을 품을 수 있을 만큼 마음마저 여유로워지니 정녕 이것이 자연의 힘이던가!

✈ 🎋 🏠 🕐 🚲 💡

* 아즈사가와(梓川) : 나가노현 마츠모토시의 북서에 위치한 히다산맥(飛騨山脈) 야리가타케(槍ヶ岳) 산에서 발원해서 남쪽으로 흐르는 강. 가미코치에서 다이쇼이케(大正池)를 형성한다.

10월 27일 일요일

이른 아침 마을을 둘러보려고 발길을 옮긴 곳은 옛 마을 모습이 그대로 간직되어 있는 후루이마치나미(古い町並み).

서울의 북촌마을과 같은 전통 건축물 보존지구로, 건물이 모두 검은색 목조로 만들어진 것이 인상적이다. 전통 마을에도 자판기가 설치되어 있는데 특이하게도 자판기마다 검은색 나무틀이 씌워져 있다. 의아하여 물어보니, 주변 환경과 어울려 통일감을 갖게 하기 위함이란다. 이들의 세심한 배려를 다시한번 느끼는 순간이다.

이어 오늘의 메인이자 마지막 관광장소인 갓쇼즈쿠리(合掌造り)의 시라카와고(白川鄉)로 차를 달리니 가이드가 우리 일행을 구름다리 건너 시라카와고로 안내했다. 어렵사리 도착한 시라카와고! 집들이 두 손을 합장한 형태, 즉 갓쇼즈쿠리로 만들어졌다는 점이 가장 큰 특징이다.

많은 집들 중에서 일행이 방문한 곳은 그중에서도 유명한 간다케(神田家).

한가운데 놓인 원추형난로 주변에 둘러앉아 설명을 들은 다음, 집 내부를 둘러볼 수 있으니 먼저 올라간 2층은 주로 양잠 작업장이었다고 하는데, 예전에 사용했던 용구 등을 전시하고 있다. 안내직원에 따르면 갓쇼즈쿠리는 에도시대 후기 10년에 걸쳐 만들어졌는데 해가 동에서 떠서 서로 지는 것을 감안하여 지붕을 동서로 향하게 함으로써 비자나무로 지어진 지붕이 쉽게 건조할 수 있게 하였다고 한다. 전부 114개 동인 시라카와고는 1995년에 세계문화유산으로 등재되었고 지붕은 30년마다 한 번씩 돌아가면서 교체해 준다고 한다. 특히 간다케의 고마지리(駒尻)*는 강풍이나 지진 시 지붕에 걸리는 하중을 분산시켜 갓쇼즈쿠리를 오래 지탱하게 하는 비결의 하나인데, 일본의 경우 300여 년 전 에도시대에 이미 지진대비책이 연구되었다고 한다.

이어 3층에서 바라다보는 전경은 시라카와고 중에서도 간다케를 견학시설

01 후루이마치나미

02 주변 환경에 어울리는 검은 자판기

03 시라카와고

04 시라카와고로 들어가는 구름다리　　05 간다케　　06 간다케에 전시된 술 거르는 틀

로 선정할 만한 절경이다. 옆에 있던 직원이 나의 감탄에 갓쇼
즈쿠리의 장관이 한눈에 들어오는 전망대행 버스를 추천하니 과
연 감탄이 절로 나오는 한 폭의 풍경화 그 자체이다. 바라만 보
고 있어도 속세에 찌든 내면이 정화가 될 것 같은 평화로운 마을
모습 그대로이니 오래도록 보존되어 후손들에게도 그 아름다움
이 전수되면 좋겠다.

✈ ⛆ ⌂ ⏲ 🚲 💡

* 고마지리(駒尻) : 갓쇼즈쿠리 지
붕의 접합에 이용되는 것으로 갓쇼
즈쿠리를 오래 지탱시켜 주는 비결
의 하나. 지진이나 강풍 시 물체의
형태를 그대로 유지하고자 하는 변
형력이 생기게 하여 가옥이 파괴되
지 않게 한다.

07 고마지리

사요나라, 마따 아이마슈요 (안녕, 다시 만납시다)

10월 30일 수요일

도시마구 마지막 출근 날로 구장님을 비롯한 간부님들을 모시고 보고회가 예정되어 있다. 사무실에 출근하니 오늘따라 모든 것들이 새롭기만 하고, 직원들도 정겹게만 느껴진다. 하루하루는 길게만 느껴졌건만 막상 지나고 보니 눈 깜짝할 사이에 지나 버린 6개월. 그간의 일들이 하나둘 주마등처럼 머리를 스치고 지나간다. 이제는 추억의 한 페이지를 장식할 시간들이다.

행사가 시작되었다. 구장님이 "6개월이 눈 깜빡할 사이에 흘러 귀국할 때가 되었으나 이곳에 있는 내내 웃는 얼굴로 활발하게 연수에 임하는 모습은 도시마구 직원들에게도 많은 귀감이 되었다. 귀국 후에도 동대문구에서 많은 활약을 해주기를 기대하며 우리 두 도시의 우호를 위해서도 가교 역할을 잘해 주기 바란다. 그리고 무엇보다 언제나 건강하기를 바란다."는 인사와 함께 구의 캐릭터인 올빼미 배지와 장식용 올빼미를 기념품으로 건네주신다.

이어 연수보고가 끝나자 그간의 연수를 담당했던 과·부장님

01 에도벳코

02 기념촬영집

이 함께 준비한 선물이라며 에도벳코(江戸鼈甲)* 목걸이와 귀걸이 세트를 건네주시는데 이는 도쿄도가 지정한 전통공예 40 품목 중 하나로 에도 시대부터 전해져 오는 귀한 것이라고 한다. 마침내 모든 공식행사가 끝나고 기념사진 촬영까지 마치자, 다들 내게 다가와 작별인사를 건넨다. 이미 예정된 이별임에도 불구하고 작별의 아쉬움에 생각지도 않았던 눈물이 흘러내린다. 만남이 있으면 헤어짐도 있다지만, 나라를 떠나서 개인 간에는 이렇게 헤어짐이 서러운 법이다.

사무실에 돌아오니 부서에서도 직원들이 마음을 모아 준비한 것이라며 선물을 건네준다. 뽁뽁이로 돌돌 감아 정성스레 한 포장을 열어보니 컷 글라스로 처리된 예쁜 모습의 크리스털 잔 세트가 얼굴을 내민다. 깨질까 염려되고 아까워서 못 쓸 거 같다고 했더니 에도기리코(江戸切子)*라고 해서 에도 시대부터 내려오는 유리공예품이라고 한다.

그간 정들었던 책상을 정리한 후 부서 직원들과 기념촬영을 하고 사무실을 빠져나오는데, 뒤에서 누가 잡아당기는 것도 아니

건만 발걸음이 그리 가볍
지만은 않은 것은 필시 그
간에 쌓인 정 때문이리라.

03 에도기리코

집으로 돌아와 외로이
짐 정리를 하고 있으려니
시바 과장님에게서 전화
가 걸려와 식당순례 체험이나 가자고 한다. 정식명칭은 '바루타
운(bartown) in 신주쿠'. 스페인 바(bar)문화를 변형한 것으로 세 장
이 묶음이 된 이벤트 티켓을 구매한 후 원하는 식당으로 들어가
한 장씩 사용하는 것인데 평소에는 가보지 못하던 곳도 이용할
수 있고 상가활성화에도 한 몫 한다고 한다. 과장님 덕분에 신
주쿠의 밤거리도 느껴볼 수 있는 색다른 체험을 하고 집으로 돌
아오니 방 안 가득 널려 있는 짐들이 나를 빤히 쳐다보고 있는데
이곳에서의 마지막 밤이라 생각하니 왠지 모르게 감상적이 된
다. 이렇게 도쿄의 마지막 밤은 잠 못 이루는 밤이 되는 것인가.

✈ ✦ ⌂ 🕐 🚲 💡

* 에도벳코(江戶鼈甲) : 에도벳코의 제작은 에도막부가 개설되었을 무렵으
로, 바다거북의 일종인 대모(玳瑁) 껍질을 재료로 사용한다. 대모는 적도 부
근 해역에 서식하며, 큰 것은 길이가 180㎝, 체중은 200㎏이 되기도 한다.
목걸이, 브로치, 안경 프레임 등을 만드는데, 천연의 벳코 장식품에는 깊이
있는 광택과 촉감이 있어 많은 사람들에게 사랑받고 있다.

* 에도기리코(江戸切子) : 에도 말기에 에도(현재의 도쿄)에서 시작된 컷 글라스 공법의 유리공예 세공이다. 1985년 동경도 전통공예품으로 인정, 2002년에는 경제산업대신이 전통공예품으로 지정함. 경제산업대신 지정 전통공예품은 국가인정제도로 해당 제품에는 전통증지(伝統証紙)가 붙어 있다.

10월 31일 목요일

🧑 결국 짐정리를 끝내지 못하고 자 버렸더니 방안 가득 널려 있는 짐들 덕분에 발 디딜 틈이 없다. 마침 이와사키 상이 왔다가 그 광경을 보고는 입을 다물지 못한다.

혼자 살림이었거늘 바닥에 펼쳐 놓으니 어디에 다 들어가 있었나 싶을 만큼 발 디딜 틈이 없다. 함께 짐을 싸면서 아쉬움 속에 지난 시간들을 추억하고 있는데 시바 과장님이 인터폰을 울린다. 회의 때문에 공항에 못 나가서 아쉬운 마음에 왔다고 한다. 키 큰 사람치고 싱겁지 않은 사람이 없다는 속설을 증명이라도 하듯 둥글둥글 원만한 성격에 늘 허허 웃음 지으며 나를 챙겨 주던 분이다. 고생 많았다며, 다음에 꼭 놀러오라고 작별의 인사를 하고는 돌아갔다.

드디어 모든 짐을 가방에다 쓸어넣다시피 하고, 휑해진 빈방을 둘러보고 있으려니, 나도 모르게 눈가에 이슬이 맺힌다.

이제 그만 나의 안전과 휴식을 책임졌던 정든 집과 이별해야 할 시간이다.

기다리고 있을 야마카와 상을 생각하며 아쉬움을 뒤로하고 주인 댁에 인사를 드리러 갔다. 잠깐 기다리라고 하시더니 동생분이 작은 선물 봉지 하나를 내 손에 쥐어 준다. 한국에 가서도 건강하고 큰 활약 기대하겠다며 일본에 오게 되면 놀러오라며……늘 단아한 모습이 엄마를 생각나게 하던 주인 어르신을 만나 뵙지 못하고 떠나게 되어 못내 아쉬운데, 동생분이 다정스러운 이별 인사를 하니 마침내 참았던 눈물이 앞을 가린다.

누군가는 '이별은 짧게'라고 말하였지만, 어디 사람의 마음이란 게 그러한가. 떨어지지 않는 발걸음을 뒤로하고 한 시간여 달려 도착한 하네다 공항. 사이토 과장님, 하야카와 상, 오오츠루 상이 먼저 도착해서 기다리고 있다. 함께 있는 동안에야 늘 웃을 수만은 없었지만, 그래도 이들의 지원이 있어 이곳 생활을 이렇게 잘 마무리할 수 있었으니 참으로 감사한 마음이다. 공적인 외교도 중요하겠지만, 민간차원에서 조금씩 끈끈한 유대관계를 만들어 가다 보면 마침내 구멍 난 둑처럼 나라 간의 벽도 허물어져 친밀한 관계가 될 수 있을 것이라는 생각을 해 본다.

이별의 악수를 나누고 게이트를 지나 출국장에 들어서니 마침내 6개월간의 도쿄 생활이 막을 내리는 순간이다.

 "6개월! 눈 깜빡할 사이에 지나간다."

도시마구 구장님을 처음 방문하였을 때, 구장님이 첫마디로 하신 말씀이다. 그때는 타국에서 혼자 6개월을 보낼 걱정으로 가득했었기 때문에, 그 말씀이 전혀 마음에 와 닿지 않았다. 6개월이란 그저 길게만 느껴지는 시간일 뿐이었다. 그도 그럴 수밖에 없는 것이 도착하던 그 순간부터 문화적 차이로 인한 충격을 경험했기 때문이다.

처음 겪게 된 문화적 충격은 다름 아닌 일본의 도시락 문화. 식사 시간이 되어도 함께 식사하러 가자는 말 한마디 없이 도시락을 준비해 와 각자 점심을 해결했다. 시간이 흐른 뒤에는 자연스레 혼자 식당에 가서 식사를 하고 왔지만, 한국에서 늘 팀원들과 함께 식사를 하러 다니던 나로서는 어찌할 바를 몰라 헤매야만 했다.

게다가 동대문구를 대표하여 근무하게 되었으니, 책임감에서 오는 중압감도 생각 이상이었다. 나의 행동 하나하나가 동대문구 직원의 모습, 더 나아가 서울시 공무원들의 모습으로 혹은 한국 사람들의 모습으로 비칠까 봐 언제나 충실하기 위해 노력했다. 철저한 시간관념은 물론 절대로 시간을 허투루 쓰는 일 없는 그들이다 보니, 업무 시작과 동시에 업무 끝날 때까지 한 치의 빈틈도 허용하지 않았다. 사고방식의 차이에서 오는 소통 부재는 적지 않은 스트레스를 안겨다 주었다.

하지만 스트레스만 논하고 있기에는 무척이나 소중한 시간이고 감사한 기회였기에 나도 그들에게 뭔가 보탬이 되고자 도시마구 직원들을 대상으로 한국어 자원봉사 교실을 운영했다. 또한 하나라도 더 보고 들어서 전해 주고 싶은 마음에, 잠시도 다리를 쉬게 하지 않았던 시간들이었다. 그동안 나를 보아 왔던 이들은 "곰팡이가 날 지경으로 바깥구경을 가지 않던 그 김영란이 이곳을 다 다닌 것이 맞느냐"며 놀라워할 것이다. 스스로도 쉴 새 없이 동분서주하던 내가 참 낯설게 보였으니, 어찌 아니 그러하겠는가? 무엇보다 소중한 경험을 할 수 있고 먼 타국에서 무사히 지낼 수 있었던 것은 많은 이들의 숨은 노고가 있었기 때문이다. 6개월을 무사히 지낼 수 있도록 물심양면으로 지원을 아끼지 않으신 유덕열 구청장님, 현지에서 늘 큰 관심으로 지켜 봐 주신 다카노 유키오 구장님, 나의 연수를 위해 실무적인 지원으로 수고가 많았던 동대문구 관계 직원 분들과 도시마구 관계 직원 분들의 덕분이다.

그 모든 분들에게 감사하는 마음을 담아 이 책을 냈다. 일본을 이해하는 데에 미력이나마 도움이 되었으면 하는 바람이다.

또한 이 책에서 내용상 미흡한 부분이 보인다면, 전문서적이 아닌 점을 감안하여 많은 이해를 부탁드리는 바이다.